Russisch als zweite Fremdsprache

Конечно! 4

Рабочая тетрадь

von
Christine Amstein-Bahmann
Monika Brosch
Danuta Gentsch
Gisela Reichert-Borowsky
Evelyn Walach
Jacqueline Zenker

Ernst Klett Verlag
Stuttgart • Leipzig

Конечно! 4
Рабочая тетрадь

Symbole

S 12 ◎	Schüler-CD	Der Text bzw. die Übung ist auf der Schüler-CD zu hören. Die Ziffer verweist auf die Track-Nummer.
	Partnerarbeit	Hier arbeitet ihr zu zweit, entweder mit eurem Sitznachbarn oder mit einem anderen Klassenkameraden.
	Gruppenarbeit	Hier arbeitet ihr in einer Gruppe von drei oder mehreren Schülern.
	Portfolio	Besonders gelungene Arbeiten könnt ihr in einer eigens dafür angelegten Mappe (Portfolio-Ordner) abheften.
www	Internet	Hier könnt ihr im Internet auf Informationssuche gehen.
§ 18	Grammatik-Paragraf	Hier findet ihr einen Verweis auf das entsprechende Grammatikkapitel im Grammatischen Beiheft.
	Fakultative Übung	Übungen mit diesem Symbol sind fakultativ.
	Fakultative Seiten	Die gelb unterlegten Seiten (тандем-, самоконтроль-Seiten und Spiele) sind ebenfalls fakultativ.

1. Auflage 1 11 10 9 8 7 | 2025 24 23 22 21

Alle Drucke dieser Auflage sind unverändert und können im Unterricht nebeneinander verwendet werden.
Die letzte Zahl bezeichnet das Jahr des Druckes.

Autorinnen und Autoren: Christine Amstein-Bahmann, Grumbach; Dr. Monika Brosch, Grimma; Danuta Gentsch, Erfurt; Gisela Reichert-Borowsky, Tübingen; Evelyn Walach, Berlin; Jacqueline Zenker, Zittau
Berater: Dr. Ulf Borgwardt, Wackerow; Peter Jakubow, Dettenhausen

Redaktion: Ekaterina Danilevskaya, Anatoly Kovtun, Dr. Elisabetta Nöldeke
Gestaltung: Claudia Kreipl

Umschlaggestaltung: Know Idea GmbH, Freiburg
Illustrationen: Yaroslav Schwarzstein, Hannover
Reproduktion: Meyle+Müller, Medienmanagement, Pforzheim
Druck: oeding print GmbH, Braunschweig

Printed in Germany
ISBN 978-3-12-527509-6

9 783125 275096

Mit Конечно! ins vierte Russisch-Jahr

Um in den Fremdsprachen fit zu sein, musst du regelmäßig üben. Hier findest du einige Anregungen, wie du deine Fähigkeiten trainieren kannst, um immer besser zu werden. Welche Vorschläge möchtest du ausprobieren? Kreuze sie an. Du kannst die Tabelle auch um weitere Ideen ergänzen. Tauscht dann eure Tipps in der Klasse aus.

Hörverstehen	☐	Ich mache mir kurze Notizen.
	☐	Ich achte auf Schlüsselwörter.
	☐	Ich konzentriere mich auf die Anforderungen in der Höraufgabe und nutze die W-Fragen.
	☐	______________________________
Leseverstehen	☐	Ich versuche schon an der Überschrift abzulesen, um was es in dem Text gehen könnte.
	☐	Ich achte auf Bilder und Fotos zum Text.
	☐	Ich achte auf Schlüsselwörter und schlage die unbekannten nach.
	☐	Ich versuche den Satzzusammenhang zu verstehen, ohne dabei jedes unbekannte Wort zu übersetzen.
	☐	Ich erschließe unbekannte Wörter durch ähnliche Wörter im Russischen oder in anderen Fremdsprachen.
	☐	______________________________
Sprechen	☐	Ich lese Texte laut und kontrolliere meine Aussprache und Intonation mit der CD.
	☐	Ich trage Passagen der Dialoge aus dem Schülerbuch mit dem Partner vor.
	☐	Ich versuche wichtige Wörter zu umschreiben, wenn ich sie nicht kenne.
	☐	Ich übe mit einem Partner die Redemittel aus den Так говорят-Kästen.
	☐	Ich halte meine Gedanken in Stichpunkten fest.
	☐	Ich erstelle kleine Präsentationen und trage sie der Klasse vor.
	☐	______________________________
Schreiben	☐	Ich erstelle Mindmaps mit zum Thema passenden Substantiven, Adjektiven, Verben, Adverbien.
	☐	Ich überprüfe selbst geschriebene Texte auf Fehler. (Passen Subjekt und Verb zueinander? Sind die Adjektive an ihre Substantive angeglichen? Habe ich die Endungen richtig geschrieben? Habe ich den richtigen Aspekt der Verben ausgesucht? Habe ich den passenden Kasus ausgewählt?)
	☐	______________________________
So lerne ich Vokabeln	☐	Ich erschließe neue Wörter mithilfe von anderen Sprachen oder durch Wortbildungsregeln.
	☐	Ich suche die Vokabeln, die ich lerne, im Text, aus dem sie genommen sind, und spreche mir den jeweiligen Satz vor.
	☐	Ich wiederhole regelmäßig Vokabeln und zeichne mir Mindmaps.
	☐	______________________________
Grammatik und sprachliche Mittel	☐	Ich benutze das Grammatische Beiheft bei Übungen zur Grammatik.
	☐	Um zu überprüfen, ob ich die Regeln verstanden habe, formuliere ich eigene Beispielsätze.
	☐	Ich nutze alle Möglichkeiten zur Selbstkontrolle (Самоконтроль, Portfolioseiten).

В гостях у школы-партнёра

Старт

1 Во время обмена

Напиши, чем немецкие ученики занимаются во время обмена. Verwende dabei die folgenden Verben.

жить | знакомиться | общаться | работать | посещать | ездить

1. Ученики
2. Они
3. Ребята
4. Они
5. Ученики
6. Они

2 Что ребята делают? § 1

a) Посмотри на рисунки и напиши, что ребята делают вместе во время обмена.
Verwende dabei die angegebenen Verben und die Wortgruppe **друг друга**.

давать | показывать | играть | звонить | разговаривать | жить | фотографировать | думать

1.
2.
3.
4.
5.
6.
7.
8.

б) А что, по-твоему, должны делать настоящие друзья?

A Привет из России!

3 По-русски

а) Спроси своего русского партнёра,

1. wo er gewöhnlich seine Sommerferien verbringt.
2. wo er im letzten Jahr die Winterferien verbracht hat.
3. wo er die nächsten Herbstferien verbringen wird.
4. welche Exkursionen sie gewöhnlich durchführen.
5. welche Exkursion sie im Februar durchgeführt haben.
6. wo sie die Exkursion im Frühjahr durchführen werden.

б) О себе Dein Partner könnte dir dieselben Fragen gestellt haben. Ответь на его вопросы в тетради.

4 Мал, да удал! (Klein, aber fein!)

Анна, ученица немецкого города Гота, была по обмену в России. В статье для школьной газеты она рассказывает о поездке. (Die Aufgaben а) und б) sollst du ohne Wörterbuch, die Aufgabe в) mit dem Wörterbuch lösen.)

Меня часто спрашивают, где я была по обмену в России. Наша школа уже несколько лет дружит со школой из города Мышкина. Туда мы ездили и в этом году. Мышкин расположен на берегу реки Волги. Это очень маленький город, здесь живёт приблизительно 6000 человек. Сначала я подумала: «Ох, какая это провинция! Здесь нам, наверное, будет скучно». Но скоро я поняла, что это совсем не так. Я там познакомилась с интересными людьми. Да и сам город очень интересный и симпатичный.

Все обычно удивляются, почему город называется «Мышкин». На экскурсии нам рассказали, что город получил своё название от слова «мышь». По легенде один князь был на охоте в лесах на берегу Волги. Он очень устал и решил немного отдохнуть. Когда он проснулся, он почувствовал, что по его лицу бегала мышь. Сначала князь очень рассердился, потому что мышь разбудила его. Но потом он увидел рядом большую змею и понял, что мышь спасла ему жизнь. Тогда князь решил построить храм. Потом рядом с храмом возник город Мышкин. А мышь стала символом города.

В Мышкине находится музей Мыши. Такого музея в мире больше нет. Он очень необычный и интересный. В этом маленьком, уютном музее можно увидеть большую коллекцию мышей: здесь находится 5000 экспонатов. Сюда прибыли мыши со всего мира. Это подарки знаменитых людей или мыши, которых сделали поклонники этого маленького симпатичного животного своими руками. Есть даже театр Мыши!
В городе есть, конечно, ещё и другие интересные места. Мышкин, по-моему, просто замечательный город, о котором можно сказать: «Мал, да удал!»

а) Прочитай статью Анны и напиши, о чём она рассказывает. Gib dabei den wesentlichen Inhalt des Textes in 3–4 russischen Sätzen wieder.

б) Прочитай ещё раз первый абзац текста и напиши, где находится город Мышкин, какой это город и сколько в нём жителей.

в) Прочитай второй абзац текста с помощью словаря. Ordne dann die Bilder nach dem Inhalt der Legende, indem du sie nummerierst. Erzähle die Legende anschließend auf Deutsch nach.

1

2

3

4

5

6

7

8

г) Прочитай ещё раз третий абзац текста и ответь на вопросы.

1. Сколько музеев мышей есть в мире и где они находятся?

____

2. Сколько и какие экспонаты можно посмотреть в музее Мыши?

____

3. Откуда музей получил эти экспонаты?

____

5 Друзья по обмену §2

а) Дополни предложения. **Свой** или **его**? Setze die passenden Possessivpronomen ein.

У Роберта есть друг в России, которого он уже много лет знает. Весной Роберт ездил вместе со ____________ классом по обмену в Рязань. Там он жил в семье ____________ русского друга. Он много общался с ним и с ____________ семьёй. Роберт часто гулял со ____________ другом по Рязани. ____________ друг показывал ему все красивые места ____________ родного города. После обмена Роберт часто писал ____________ другу емейлы и звонил ему по телефону. Корнелия, подруга Роберта, ещё не знает ____________ русского друга. Но Роберт часто рассказывает ей о нём, о ____________ городе, о ____________ семье. Он всем говорит, что ____________ друг очень симпатичный парень.

б) Dieses Mal geht es um Cornelia und ihre Freundin aus Moskau. Verändere den Text aus a) so, dass eine kleine Erzählung über die beiden Mädchen entsteht. Achtung: Außer den Possessivpronomen müssen auch andere Wörter (z. B. Pronomen und Verb-Endungen) angepasst werden. Напиши о девушках в тетради. Начни так: У Корнелии есть подруга в России, которую она уже много лет знает. Весной Корнелия …

✻ **в)** **О себе** У тебя тоже есть друг в России или в другой стране? Как его зовут? Где он живёт? Напиши на листе бумаги, что ты делаешь вместе со своим другом. Сохрани этот лист в своём портфолио.

6 В школе-партнёре

Томас в гостях у Андрея. Андрей хочет узнать больше о его семье. Томас, к сожалению, почти не говорит по-русски, поэтому ты должен ему помочь. Dolmetsche.

Андрей: Ты первый раз по обмену в России?

Ты: ____

Томас: Nein, in diesem Jahr bin ich schon zum zweiten Mal nach Moskau gekommen.

Ты: ____

Андрей: У тебя есть братья и сёстры?

Ты: ____

Томас: Ja, einen Bruder und eine Schwester.

Ты: ____

Андрей: Как их зовут?

Ты: ____

Томас: Marcus und Jenny.

Ты: ____

Андрей: Вы много общаетесь друг с другом?

Ты: ____

Томас: Manchmal spiele ich mit meinem Bruder Fußball. Er verbringt seine Zeit oft mit seinen Freunden. Mit meiner Schwester und ihren Freundinnen gehe ich manchmal in die Disco.

Ты: ____

____

____

Андрей: У тебя много друзей?

Ты: ____

Томас: Ja, und ich treffe mich oft mit meinen Freunden. Und was für eine Familie hast du eigentlich? Erzähle mir mehr über sie.

Ты: ____

____

7 Пословицы (Sprichwörter)

а) Прочитай пословицы. Какая русская пословица соответствует (entspricht) какой немецкой пословице?

1	Всему своё время.		А	Eulen nach Athen tragen.
2	Живи своим умом.		Б	Schuster bleib' bei deinem Leisten.
3	Всему своё место.		В	Jeder ist seines Glückes Schmied.
4	Ехать в Тулу со своим самоваром.		Г	Alles zu seiner Zeit.
5	Всяк кузнец своего счастья.		Д	Lebe nach deinem Verstande.

б) Объясни смысл (Sinn) этих пословиц своими словами (на русском или на немецком языке).

8 Никогда, никуда, нигде!

а) Прочитай, о чём говорят Вера и Митя. Bringe die Dialogteile anschließend in die richtige Reihenfolge.

	А, вот они. Ты что хочешь, пойти с Вовой и Мишей на футбол?
	Ну хорошо. Тогда сиди весь вечер один дома. Пока!
	Митя, уже 18 часов. Нам пора в театр. Ты не знаешь, где наши билеты?
	И на футбол я тоже не хочу. Я сегодня никуда не хочу идти.
	Не знаю. Я их нигде не видел. Кстати, что значит: «наши билеты»? Я никогда не говорил, что хочу посмотреть этот балет.

б) Переведи предложения Мити со словами …

… НИГДЕ: ______________________________

… НИКОГДА: ______________________________

… НИКУДА: ______________________________

S 11 ◎

9 Рэп по-русски и по-немецки

Перед аудированием

а) Прочитай заглавие этого упражнения и посмотри на фото. Как ты думаешь, о чём будет рассказывать этот текст?

Во время аудирования

б) Послушай текст два раза и напиши, кто с кем где встречается. О чём они разговаривают?

Кто с кем?	
Кто они?	
Где?	
О чём?	

в) Послушай текст ещё раз и отметь правильный ответ.

1. Денис интересуется проектом учеников, потому что он
   - ☐ должен написать информацию о нём для сайта гимназии.
   - ☐ любит заниматься проектами.
   - ☐ любит разговаривать с немецкими учениками.

2. Проект называется
   - ☐ «Музыка и мы».
   - ☐ «Мы и музыка».
   - ☐ «В мире музыки».

3. Во время проекта ребята
   - ☐ ходили на концерт.
   - ☐ готовили презентации о рэперах.
   - ☐ писали рэп и танцевали.

4. С результатами работы над проектом можно познакомиться
   - ☐ в школьной газете.
   - ☐ на школьной выставке.
   - ☐ на вечере в школе.

После аудирования

г) Напиши в тетради вместо (anstelle von) Дениса информацию о проекте учеников.

Б Поход с курицей

10 Слова

Почему Кристина в первый день обмена думает «Как я найду дорогу домой»? Найди слова, выпиши из них выделенные буквы и ответь на вопрос.

1. Без него в лесу не знаешь, куда идти.
2. Её можно есть, она из яиц.
3. Когда семья или класс идёт в лес или в горы – это …
4. Она находится между странами.
5. Компас помогает тебе найти её.
6. Русские ученики готовятся к ним в мае.
7. Она всегда вместе с вилкой, ложкой, ножом.
8. Домашняя птица. Она даёт яйца.
9. Все молодые люди вместе.
10. Когда русские и немецкие ученики ездят друг к другу.
11. Продукт из молока.
12. Русские ученики … на вокзале немецких учеников.

Кристина так думает,
потому что там, где она живёт, только ____________ дома.

11 К тексту

Всё неправильно! Исправь выражения.

1. Когда Кристина вошла в кухню, она увидела на столе бутерброды.

___

2. Кристина с удовольствием ела курицу на завтрак.

___

3. В воскресенье отец сказал, что они идут с Кристиной в музей.

___

4. У Кристины был очень хороший компас.

___

5. На границе между Европой и Азией было много туристов.

___

6. Они шли по лесу два часа.

___

7. Когда они отдыхали на озере, Кристина ела бутерброды.

___

S 12 12 Кому из ребят было скучно?

Перед аудированием

Штефан, Алина, Анна и Лукас были по обмену в Екатеринбурге.

а) Посмотри на картинки. Напиши, кому из ребят скучно, интересно, холодно, приятно, трудно, плохо. Почему ты так считаешь?

____

____

____

____

____

____

____

____

____

Во время аудирования

б) Перепиши таблицу в тетрадь. Послушай тексты и дополни таблицу.

Кому?	Почему?
Штефану было скучно,	*потому что …*

13 Обо всём и ни о чём § 3

Напиши к каждой картинке одно предложение. Benutze dabei jeweils das Negativpronomen.

1. ____
2. ____
3. ____
4. ____
5. ____

14 Из газет

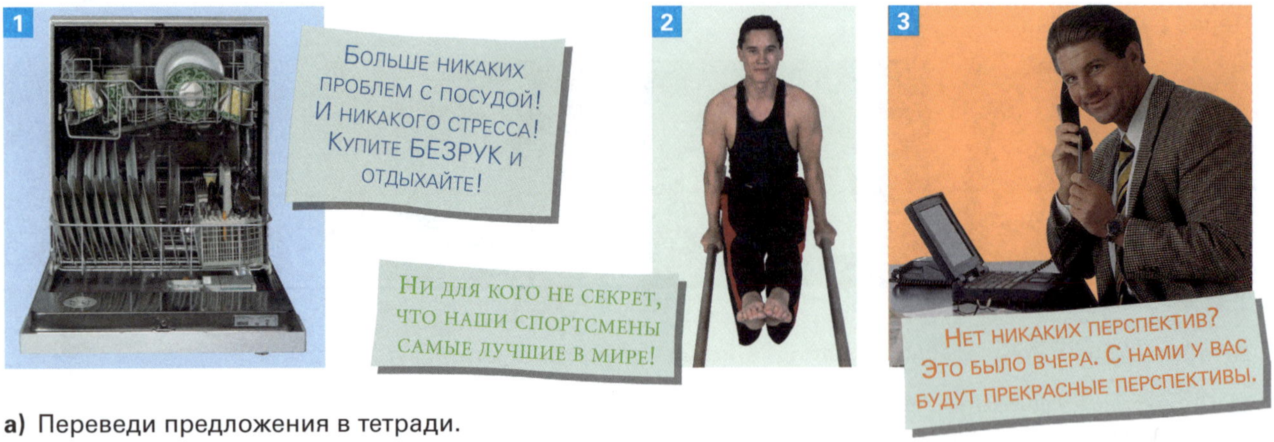

а) Переведи предложения в тетради.

б) Придумай три рекламы и напиши их в тетради. Verwende dabei je ein Negativpronomen.

15 Игра

Erwürfle das Verb, wähle ein passendes Objekt und stelle deinem Partner eine Frage.
Dein Partner antwortet mit dem Negativpronomen. Wechselt euch ab.

кто | какой друг | какие друзья | что | какая подруга

» (2) Кого ты любишь? → Я никого не люблю.

(1) интересоваться	(3) идти к	(5) разговаривать с
(2) любить	(4) говорить о	(6) быть в гостях у

S 13 ◎

16 Звуки

а) Посмотри на картинку и ты узнаешь, кто что делает. Послушай и прочитай скороговорку (Zungenbrecher). Слово «чернота» значит, что всё чёрное. Переведи скороговорку в тетради.

б) Послушай скороговорку ещё раз и поставь знаки ударения (Betonungszeichen). Markiere mit verschiedenen Farben die jeweilige Aussprache des Buchstabens **о**.

в) Выучи скороговорку наизусть.

Чёрной ночью чёрный кот
прыгнул[1] в чёрный дымоход.
В дымоходе чернота –
отыщи-ка[2] там кота!

17 Типичные ситуации §4

Ты по обмену в России. Что ты скажешь маме твоего партнёра в этих ситуациях?
Benutze dabei das Reflexivpronomen **себя**.

1. У тебя температура и болит голова. ____________________

2. Ты ещё никогда не был на «Лебедином озере».

____

3. Ты с группой поедешь на экскурсию. У вас сегодня не будет обеда.

____

1 **пры́гнул** sprang – 2 **отыщи́-ка** finde da (auf)

тандем

1. Übt zu zweit. Einigt euch, wer Rolle **A** und wer Rolle **Б** übernimmt.
2. Die gelb unterlegten Sätze müsst ihr abwechselnd ins Russische übertragen.
3. Vergleicht mit den Musterübersetzungen in den eckigen Klammern.
4. Wechselt die Rollen nach einem Durchgang.
5. Faltet den Bogen entlang der senkrechten Mittellinie. **A** beginnt.

А	Б
Ein Journalist will von dir wissen, weshalb Schüler zum Austausch zueinander fahren.	[Почему ученики ездят друг к другу по обмену?]
[Они хотят знакомиться и общаться друг с другом.]	Du erklärst, dass sie einander kennenlernen und miteinander in Kontakt bleiben wollen.
Er fragt, wann du zu deinem Partner gekommen bist.	[Когда ты приехал/а к своему партнёру?]
[Пять дней назад.]	Du sagst, dass du vor fünf Tagen angekommen bist.
Der Journalist fragt, wie du dich in der russischen Familie fühlst.	[Как ты чувствуешь себя в русской семье?]
[Я чувствую себя отлично, но я в первые дни обмена почти ничего не понимал(а).]	Du bist begeistert, denn du fühlst dich ausgezeichnet, aber in den ersten Tagen des Austauschs hast du fast nichts verstanden.
Er will wissen, ob dich in Russland etwas in Erstaunen versetzt.	[Что тебя удивляет в России?]
[Меня удивляет, что все, даже гости, в квартире надевают тапочки и что мы ужинаем только в восемь или девять часов вечера.]	Du erzählst, dass alle, sogar die Gäste, in der Wohnung immer Hausschuhe anziehen und dass ihr erst um 8 oder 9 Uhr zu Abend esst.
Er fragt, ob du das russische Essen – Frühstück, Mittagessen, Abendessen – magst.	[Тебе нравятся русские завтраки, обеды, ужины?]
[У нас бабушка очень вкусно готовит. Утром, например, она всегда готовит очень вкусную яичницу.]	Du antwortest, dass die Oma sehr gut kocht und dir morgens zum Beispiel immer leckeres Rührei macht.
Er will wissen, was du abends machst.	[Что ты делаешь вечером?]
[Мне очень нравится, что мы вечером все сидим вместе и разговариваем друг с другом, иногда с помощью рук.]	Du sagst, dass es dir sehr gefällt, dass ihr abends alle zusammensitzt und euch miteinander unterhaltet, manchmal mit Hilfe der Hände.
Er fragt auch danach, ob du mit der Gruppe schon an der Grenze zwischen Europa und Asien warst.	[Вы с группой уже были на границе между Европой и Азией?]
[Да, были. Но памятник на границе никому не понравился, потому что он такой маленький.]	Du bejahst, sagst aber, dass das Denkmal auf der Grenze niemandem gefallen hat, da es so klein ist.
Er will noch wissen, was du deinen Eltern berichten wirst.	[Что ты расскажешь своим родителям?]
[В следующем году не только я, но и все из моей группы ещё раз хотят приехать сюда.]	Du sagst, dass nicht nur du, sondern alle aus deiner Gruppe nächstes Jahr nochmals hierher kommen möchten.

самоконтроль

Auf dieser Seite kannst du dich selbst testen. Die Lösungen sind auf Seite 63.

а) Гости Бабы-Яги

Свой или **его**, **её**, **их**. Прочитай текст и дополни его.

Баба-Яга ждала ____________ подруг на репетицию. Но прилетели не ____________ подруги, а пришли немецкие ученики и спросили: «Вы не сможете нам показать ____________ дом?» Бабе-Яге было очень приятно, что немцам нравится ____________ дом и она забыла о репетиции со ______________ подругами. Немцы сидели у неё четыре часа и слушали ____________ рассказы. Вдруг они увидели саксофон Бабы-Яги и попросили её: «Ой, сыграйте, пожалуйста, на нём». Когда Баба-Яга начала играть ____________ самую любимую песню, вошла в кухню ____________ подруга Софья: «Что это такое, ты сидишь с немцами, а о ____________ пордугах совсем забыла! Эх, какая ты …»

б) После обмена: из письма бабушке

Stelle die Satzteile zu Sätzen zusammen. Tipp: Achte auf die Großschreibung und die Punkte. Ordne danach die Sätze zu einem zusammenhängenden Text und schreibe ihn in dein Heft.

Штефан – | с ним. | Мне никогда | партнёра я чувствовал | Встречи между
Жаль, что мы провели в | были по обмену в | поехать в Тюбинген! | раз хочу
Мы хорошо понимали друг | учится, он часто не делает | экскурсий, мы с ним
говорю по-немецки, я | смешной парень. | дискутировали до | почти всё понимаю.
Хотя он плохо | Германии, в городе Тюбинген. | В семье моего | друга, хотя в первые
Я обязательно ещё | себя прекрасно. | замечательно. | поздней ночи.
немецким языком. | не было скучно | дни мне было трудно с
Сейчас я неплохо | Германии только две | недели. | Германии и России – это
По вечерам, после | молодёжью из | домашние задания. | Весной мы с классом

☑ Am Ende der ersten Lektion kann ich …

- ☐ über einen Schüleraustausch sprechen.
- ☐ mich zu den verschiedenen Möglichkeiten eines Austausches äußern.
- ☐ mich zu unterschiedlichen Alltagsgewohnheiten von Russen und Deutschen äußern.
- ☐ über Speisen und Essgewohnheiten in einer russischen Familie sprechen.
- ☐ etwas über den Ural sagen.
- ☐ das Pronomen друг друга verwenden.
- ☐ das Possessivpronomen свой gebrauchen.
- ☐ die Negativpronomen verwenden.
- ☐ das Reflexivpronomen себя verwenden.
- ☐ das Pronomen такой verwenden.
- ☐ einen Reisebericht schreiben.

Probiere aus, ob du zu jedem Punkt Beispiele formulieren kannst. Запиши их на листе бумаги и сохрани его в своём портфолио.

СМИ в нашей жизни

Старт

1 Вчера и сегодня

Прочитай высказывания и вставь слова в нужной форме.

❖ Дима, не играй, пожалуйста, всё время со своим мобильником! Я хочу послушать ____________  . Там говорят о лучших футболистах мира. Мне это очень интересно.

❖ Ах, дедушка … У нас есть новый ________________  и в ________________ www. можно найти всю информацию о футболе.

❖ А ________________  или ________________________ 

ты что, совсем не читаешь?

❖ Нет, мне не интересно.

❖ А что с музыкой?

❖ Музыкой, конечно, я интересуюсь. Родители подарили мне новый ________________ 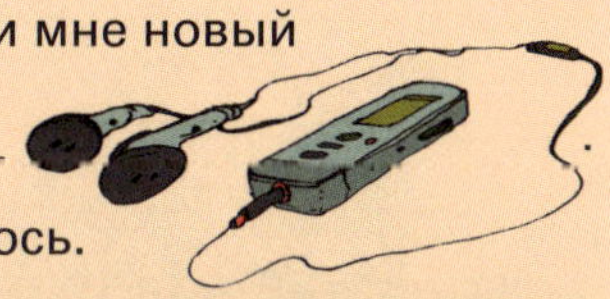 . Я им часто пользуюсь.

❖ А аудиокассеты у тебя ещё есть?

❖ Аудиокассеты? Что это такое, дедушка?

❖ Хорошо, внук. Вот у меня интересный видеофильм. Хочешь? Я его тебе подарю.

❖ Нет, спасибо. Фильмы у меня есть на ________________  . Подари мне лучше новый ________________  .

❖ Ох, молодёжь … Давай посмотрим ________________ 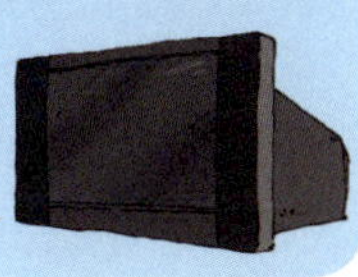 .

❖ Здорово, дед! Смотреть телевизор – всегда классная идея!

2 Телепрограмма в пазлах

Напиши, как называются эти фильмы и передачи.

до | ные | ме | таль | лер | мен | филь | но | мы | мы | ьт | шоу

1. На этой передаче обычных людей ждут приключения и необычные задания. ________________
2. Такой фильм не для детей, а для взрослых. ________________________

дии | ку | ли

3. В этой передаче каждый день говорят о политике, о культуре и о погоде. ________________
4. Эти фильмы часто снимают по известным книгам. Они особенно нравятся детям. ________________
5. Это смешные фильмы. ________________________

мул | ти | ти | трил

6. Эти фильмы снимают по документам, по фактам. Они рассказывают о природе, о животных, об истории, … ________________________________

реа | ко | вос | филь

3 Любимые фильмы

а) Напиши, какие фильмы и передачи нравятся этим людям.

дедушка →		
мать →		
отец →		
Алина →	По: ♥ (1) Вт: ♥ (2) Ср: ♥ (3) ...	
твой брат / твоя сестра →	?	
ты →	?	

б) Напиши, какие фильмы и передачи нравятся или совсем не нравятся твоему другу.
Ersetze **нравиться** durch Verben mit ähnlicher Bedeutung.

____

____

____

____

А Наш любимый «друг»?!

4 К тексту

Как хорошо ты помнишь текст А? Прочитай выражения и отметь правильный ответ.

1. Борис очень любит сидеть перед телевизором и
   - ☐ смотреть мультфильмы.
   - ☐ щёлкать пультом.
   - ☐ смотреть DVD.

2. В квартире русской семьи есть
   - ☐ много телевизоров.
   - ☐ один телевизор.
   - ☐ всегда новая плазма.

3. Бабушка очень любит
   - ☐ читать журналы.
   - ☐ смотреть сериалы.
   - ☐ смотреть телевизор.

4. Наташа очень любит смотреть
   - ☐ сериалы.
   - ☐ ток-шоу.
   - ☐ передачи с молодыми талантами.

5. Кристина
   - ☐ плохо понимает.
   - ☐ любит смешные передачи.
   - ☐ не смотрит телевизор.

6. У Кристины дома
   - ☐ не смотрят телевизор.
   - ☐ целый день смотрят телевизор.
   - ☐ смотрят телевизор только вечером.

5 Что тебе хочется?

а) Найди и напиши словосочетания к теме СМИ.

яндитсовоньтертомсоп ←

____

розивелетйывоньтипук ←

____

утезаг-тенретниьтатич ←

____

liam-еугурдьтасипан ←

____

еретюьпмоканьтарги ←

____

enohPiйывоньтертомсоп ←

____

утенретнИопимяьзурдсясьтащбо ←

____

реелп-3PMьтипук ←

____

етенретнИверимукоьтатич ←

____

оникврелл иртйывоньтертомсоп ←

____

киньлибомйывоньтипук ←

____

ук-SMSаньтитевто ←

____

б) Перепиши таблицу и напиши словосочетания из а) в неё.
Wähle eine beliebige Reihenfolge.

в) Ihr spielt nach dem System „Schiffe versenken". Jeder markiert für sich 4 beliebige Tabellenfelder. Fragt euch gegenseitig, welche Dinge ihr machen möchtet. Markierte Felder müssen bejaht werden und sind damit vom Mitspieler versenkt. Wer zuerst 4 Treffer hat, gewinnt.

	А	Б	В	Г
1				
2				
3				

» *Тебе хочется посмотреть новости дня? – Да, мне … / Нет, мне не … /*

6 Реклама §5

Прочитай рекламы. Напиши предложения со словом **чтобы**.

<table>
<tr><td></td><td>Новый кинотеатр «Космос». Девочки и мальчики! Приходите к нам, мы можем показать вам самые актуальные фильмы.</td><td>Приходите к нам, чтобы</td></tr>
<tr><td></td><td>Фитнес и красота – новый клуб! У нас лучшая косметика! Приходите к нам и мы сделаем вас красивыми.</td><td>Приходите к нам,</td></tr>
<tr><td></td><td>Новый ресторан «Россия». Наши гости чувствуют себя у нас как дома.</td><td>Мы заботимся о том,</td></tr>
<tr><td></td><td>У вас проблема с компьютером? Позвоните нам и мы решим ваши проблемы с компьютером.</td><td>Позвоните нам,</td></tr>
<tr><td></td><td>Школа танца! Наши учителя вам помогут. Занимайтесь танцами!</td><td>Школа приглашает людей,</td></tr>
</table>

7 Приглашение в кино

а) Расставь части SMS-ки по порядку.

уже | новый | меня | «Космосе» | Вера! | В | есть. | часов | Билеты | идёт | у | в | «Шрек». | Д. | 18 | у | кинотеатра. | Встретимся | Привет,

____

____

____

б) Что или чтобы? Дополни предложения.

Даша хочет, ______________ Вера посмотрела новый «Шрек» вместе с ней в кино.
Она пишет подруге, ______________ она уже купила билеты в кино. Она просит Веру, ______________ она ждала её в 18 часов у кинотеатра. Сначала Вера думает, ______________ её друг Дима хочет с ней пойти в кино. Она очень рада, ______________ Дима пригласил её в кино. Вера сразу звонит Даше, ______________ ей рассказать об этом.
А Даша ей рассказывает, ______________ это она написала ей эту SMS-ку.

8 Чем они увлекаются?

а) Посмотри на картинки. Напиши, чем ребята увлекаются и что они любят делать.

1

Саша ______________________________

____

____

2

Костя ______________________________

____

____

3

Аня ______________________________

____

____

4

Дима ______________________________

____

____

б) Кто похож на вас? Выберите одну картинку. Findet Mitschüler, die die gleiche Illustration gewählt haben, und bildet Gruppen mit maximal 4 Schülern. Unterhaltet euch darüber, warum ihr sie ausgewählt habt. Sammelt Argumente für das abgebildete Medium und stellt diese der Klasse vor. Напишите ваши аргументы в тетради.

в) Посмотри на картинку. Напиши, чем бабушки пользуются. Что ты думаешь о картинке?

9 Привет, ребята!

S20 **а)** Послушай первую часть радиопередачи и ответь на вопросы. Напиши по одному (jeweils einen) предложению.

Кто кем работает? ______________________

Тема передачи? ______________________

____

Почему? ______________________

____

S21 **б)** Послушай вторую часть радиопередачи и ответь на вопросы.

1.	Напиши имена тех людей, с которыми говорит ведущая Анастасия Петровна.			
2.	В каких городах они живут?			
3.	Сколько им лет?			
4.	Сколько им было лет, когда они первый раз сидели перед компьютером?			

в) Послушай вторую часть радиопередачи ещё раз. Кто это говорит?

1. Конечно, у каждого из моих друзей есть дома компьютер. ______________________
2. Я могу сказать, что провожу у компьютера 2–3 часа в день. ______________________
3. Тогда я играла в игры в бюро у моей мамы. ______________________
4. Четыре года назад я купила ноутбук. ______________________
5. Я хочу на нём только работать, ну а потом начинаю играть. ______________________

S 22 ◎ **г)** Послушай конец радиопередачи. Как реагируют девушки на последний вопрос? Они могут представить себе свою жизнь без компьютера? Ответь по-русски и напиши, что ты думаешь об этом.

10 По-русски

Кристина должна подготовить школьный реферат об истории компьютера. В Интернете она нашла интересную информацию. Прочитай текст со словарём. Hilf Christina, die von ihr markierten Sätze auf Russisch zu vereinfachen. Auch Umformen ist möglich.

Из истории компьютера

У каждого из нас «персональный компьютер» всегда под рукой. Это десять пальцев. Считать на пальцах просто и удобно, но результаты хранить трудно. Знаменитый древнегреческий математик Пифагор[1] считал, что счёты[2] обязательно нужны математикам. В 17 веке изобрели первую счётную машину во Франции, которая называлась арифмометр[3]. Один из экземпляров этой машины передал русскому царю Петру Первому великий математик Лейбниц[4].

А в 20 веке электрическая энергия помогла создать совершенно новые машины. Так пришло время компьютера. Слово «компьютер» произошло от латинского слова «computare: считать / вычислять». Первые персональные компьютеры появились в 1976 году в США. Сегодня компьютер стоит практически в каждом доме и является незаменимым средством коммуникации.

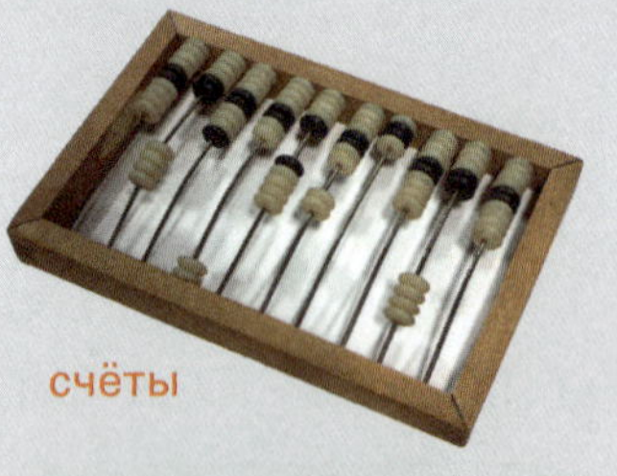
счёты

арифмометр

1 **Пифаго́р** Pythagoras (antiker griechischer Philosoph) – 2 **счёты** Rechenbrett – 3 **арифмо́метр** Arithmometer (mechanische Rechenmaschine) – 4 **Лейбниц** Leibniz (deutscher Philosoph und Wissenschaftler, 1646 – 1716)

Б На какой фильм пойти?

11 Значит, ...

а) Дополни предложения.

1. У него нет друзей, значит, он всегда ________ .
2. У её родителей очень много денег, значит, она из ________ семьи.
3. В этом фильме он получил главную роль, значит, он играет главного ________ .
4. У неё всегда всё супер, поэтому она ________ человек.
5. Этот режиссёр больше не живёт, значит, он уже ________ .
6. Он долго рассказывал, что происходит в этом фильме, значит, он нас познакомил с ________ фильма.

б) Выпиши все выделенные (hervorgehobenen) буквы. Расставь их по порядку и ты узнаешь, какой жанр считает американский актёр и режиссёр Берт Рейнольдс самым трудным:

« ________ – это самый трудный жанр».

✻ **в)** Ты согласен со мнением Рейнольдса? Почему? Запиши на листе бумаги и сохрани его в своём портфолио.

12 Всё идёт

а) Переведи, что ребята говорят. Achte darauf, dass du im Deutschen anstelle von **идти** verschiedene Verben verwenden kannst.

1. О чём идёт речь в этом фильме? ________
2. Где идёт новый «Джеймс Бонд»? ________
3. Куда идёт этот автобус? ________
4. Как долго идёт дискуссия? ________
5. Где идёт эта передача? ________
6. Где ты купил эти джинсы? Они тебе очень идут. ________
7. Как жаль, что сегодня идёт дождь! ________
8. Быстро, концерт уже идёт! ________

б) А что ещё идёт? Notiere ähnliche Beispiele, in denen das Verb **идти** in übertragener Bedeutung verwendet wird, und übersetze sie.

____

____

____

13 Что надеть? §6

а) Завтра Рита хочет пойти на премьеру нового французского фильма. Она не знает, что надеть. Посмотри на картинки и расскажи, что случилось с Ритой.

1. ______________________________

____

2. ______________________________

____

3. ______________________________

____

4. ______________________________

____

б) **О себе** Представь себе, что тебя тоже пригласили в кино. В чём ты будешь на премьере?

____

____

14 «Приходите в кино ...»

Прочитай, что зрители пишут Василию Степанову и что он на их вопросы отвечает. Дополни вопросы и ответы. Setze dabei die passenden Adjektive (Langform oder Kurzform?) in der vorgegebenen Reihenfolge ein.

красивый	дорогой	замечательный	похожий	умный
талантливый	трудный	необычный	высокий	светлый
разный	тёмный	интересный	известный	

❖ Василий! Мужчинам говорить комплименты трудно. Но в роли Максима Каммерера Вы очень __________. А как можно с Вами познакомиться? *(Юлия, Аня)*

❖ __________ девушки, приходите в кино – там и познакомьтесь со мной.

❖ Привет! Это твой первый фильм? Твой герой Максим просто __________ парень. А ты __________ на него? *(Артём)*

❖ Трудно ответить на этот вопрос. В фильме Максим __________ и __________ человек. Даже в очень __________ ситуациях он знает, что делать. Это __________ и это мне нравится в нём.

❖ Вы __________ роста, со __________ волосами ...
Очень интересно, какие девушки Вам нравятся. *(Оля)*

❖ Совсем __________. Кстати, Вы говорите о Максиме, а не обо мне. В жизни я немного другой. Волосы, например, у меня __________.

❖ Здравствуйте, Василий. Скажите, пожалуйста, Вы любите читать?
Кто Ваш любимый писатель? *(Анна)*

❖ Люблю читать, даже очень. Больше всего люблю Гоголя. По-моему, его рассказы очень __________.

❖ Василий, сейчас ты очень __________. А какие у тебя планы на будущее? *(Мари)*

❖ Хочу кончить институт. А что будет дальше, посмотрим.

S23 ◎

15 «Круглый стол»

Перед аудированием

а) Прочитай заглавие текста. Как его понять?

б) Переведи на немецкий язык. Если надо, пользуйся словарём.

интеллектуальный уровень

→ ______________________________

Читать престижно?

→ ______________________________

развивать чтение

→ ______________________________

в) Посмотри на фото и напиши в тетради, что ты на нём видишь. Что ты думаешь, о чём будет идти речь в тексте?

Во время аудирования

г) Журналист газеты «Перспективы» берёт интервью у Валентины Сергеевны. Послушай весь текст и напиши, о чём идёт речь в этом интервью.

____

____

д) Послушай интервью ещё два раза и ответь на следующие вопросы. Mache dir zu den Fragen während des Hörens Notizen und beantworte sie anschließend auf Russisch.

	ВОПРОСЫ	ОТВЕТЫ
1.	Где работает Валентина Сергеевна?	
2.	Почему она участвовала в «круглом столе»?	
3.	Российская молодёжь ещё читает?	
4.	Почему молодёжь не так много читает?	
5.	Что можно делать, чтобы молодёжь больше читала?	
6.	Что молодые люди любят читать?	

✻ **е)** Как ты думаешь, немецкая молодёжь любит читать? Запиши на листе бумаги и сохрани его в своём портфолио.

самоконтроль

Auf dieser Seite kannst du dich selbst testen. Die Lösungen sind auf Seite 63.

а) Разговор по телефону

Вставь подходящие по смыслу (passende) слова в нужной форме.

Аня: Алло!

Катя: Аня, привет! Это Катя.

Аня: Катя, привет! Что нового?

Катя: Слушай, ты хочешь пойти со мной в субботу в ______________________?

Аня: На какой ______________________?

Катя: «Последняя станция». Это фильм американского ____________________ Майкла Хоффмана о Толстом[1].

Аня: Это новый фильм?

Катя: Он, по-моему, ___________________ в 2010 году.

Аня: А о ______________________________ в этом фильме?

Катя: Он _________________________ о последних днях жизни Толстого. __________________________ в 1910 году, в Ясной Поляне[2], где писатель жил. _________________________ фильма, конечно, Толстой, но есть и ___________________, его жена. Пишут, что это не только фильм о жизни Толстого как писателя, но и о его иногда очень трудной жизни с семьёй, с женой. Ну что, пойдём?

Аня: Пойдём.

Катя: Тогда я сейчас закажу ____________________, и мы встретимся в субботу в 19:45 у входа в кино.

Аня: Хорошо. Пока.

Катя: Пока.

б) Где ошибки?

Что Жанин написала о фильме «Питер – FM»? Подчеркни (unterstreiche) в её тексте все орфографические и грамматические ошибки (21) и исправь их в тетради.

Хороший филм! Я его посмотрел только этим летом, хатя он вышел уже несколко лет насад, в 2006 годе. Это романтическая камедия, режиссёр которого – Оксана Бычкова. В главных ролях – Евгений Цыганов и Екатерина Федулова. Дествие фильма происходит в Петербурге, во время Белых ночей. Маша работает на популярным радио в Петербурге, Максим – молодый архитектор. Маша скоро будет женой своего одноклассника Кости. Максима пригласили на работу в Германию. И Маша и Максим спрашивают себе: «А нужное нам это всё? Дествительно это то, о чём мы мечтали всю жизн?» Однашды Максим случайно находится мобильный телефон Маше. Они встречаются, и начинает замичательная история любови.

Am Ende der zweiten Lektion kann ich …

- ☐ über Medien und den Umgang mit ihnen sprechen.
- ☐ Vor- und Nachteile des Nutzens bestimmter Medien diskutieren.
- ☐ Resümee zu einem Film oder Buch verfassen, die mir besonders gefallen haben.
- ☐ mich zur Einstellung von Jugendlichen zu Literatur und Film für Jugendliche äußern.
- ☐ den Zweck bestimmter Handlungen durch Finalsätze mit чтобы + Präteritum angeben.
- ☐ in Aussagen хотеть und хочется gebrauchen.
- ☐ Kurzformen der Adjektive bilden und anwenden.

Probiere aus, ob du zu jedem Punkt Beispiele formulieren kannst. Запиши их на листе бумаги и сохрани его в своём портфолио.

1 **Лев Никола́евич Толсто́й** (1828–1910) русский писатель – 2 **Я́сная Поля́на** Landgut der Familie Tolstoi in der Nähe von Tula

Как Тамара Крюкова стала писательницей

Прочитай информацию об авторе книги «Костя + Ника». Выбери правильный вариант ответа и отметь его. Ты можешь пользоваться русско-немецким словарём.

Сегодня Тамара Крюкова – известная русская писательница. Она автор многих романов, сказок, фантастических повестей, рассказов и стихов. Тираж её книг – почти 2 млн. экземпляров. По некоторым её произведениям, как и по книге «Костя + Ника», сняли художественные фильмы. За своё творчество Тамара Крюкова получила много призов и премий. Она каждый год принимает активное участие в Неделе детской книги в Москве. Писательница частый гость детских домов, школ и библиотек.

Тамара Крюкова родилась во Владикавказе. У неё было счастливое детство. Она очень любила своего дедушку, который был для неё не только хорошим другом, но и первым учителем. Они часто играли в школу. Так она, когда ей было 3 года, уже умела читать и писать. Бабушка тоже много занималась с внучкой. От неё девочка слышала много интересных рассказов, историй и поговорок. В детстве писательница увлекалась многими вещами. Она не только любила читать, но и занималась балетом, играла в шахматы и на пианино.

Учёба девочке давалась легко. В школе она училась на «отлично». После окончания школы Тамара поступила в Северо-Осетинский университет, где она окончила факультет иностранных языков. После университета она работала переводчицей в Египте.

После возвращения из Египта Тамара Крюкова вышла замуж и переехала в Москву. Здесь она продолжала работать переводчицей и преподавала английский язык.

Вместе с мужем Тамара Крюкова часто ездила в Южный Йемен. Там и начался её писательский путь. Тогда в Йемене шла гражданская война. Ситуация была сложная. Чтобы успокоить своего маленького сына и других детей, Тамара Крюкова начала придумывать им сказки. Потом детей эвакуировали в Россию, а она осталась с мужем в Йемене. В это время она начала писать для сына повесть-сказку и отправляла её в письмах в Россию. Так получилась первая её книга – «Тайна людей с двойным лицом», которая вышла в 1989 году.

После этого Тамара Крюкова серьёзно работала над языком и стилем и писала повести и романы. Она пишет для детей и подростков, чтобы передать им ту доброту и любовь, которые она получила в детстве. Писательница хочет, чтобы дети полюбили этот мир так же, как любит его она.

1. Тамара Крюкова пишет
   - а) ☐ романы.
   - б) ☐ драмы.
   - в) ☐ комедии.

2. Её книги продали
   - а) ☐ почти 1 млн. раз.
   - б) ☐ почти 100.000 раз.
   - в) ☐ почти 2 млн. раз.

3. Писательницу часто приглашают
   - а) ☐ в школы.
   - б) ☐ в садики.
   - в) ☐ на ток-шоу.

4. Раньше с ней много
   - а) ☐ занималась бабушка.
   - б) ☐ занимались дедушка и бабушка.
   - в) ☐ занимался дедушка.

5. В детстве она
   - а) ☐ играла в баскетбол.
   - б) ☐ ходила на балет.
   - в) ☐ мало читала.

6. В школе у неё
   - а) ☐ были четвёрки и пятёрки.
   - б) ☐ было мало успехов.
   - в) ☐ были только пятёрки.

7. В университете она учила
   - а) ☐ иностранные языки.
   - б) ☐ историю Египта.
   - в) ☐ математику.

8. Она начала писать книги
   - а) ☐ в России.
   - б) ☐ в Египте.
   - в) ☐ в Йемене.

9. Её первое произведение вышло
   - а) ☐ в 1989 году.
   - б) ☐ в 1978 году.
   - в) ☐ в 1998 году.

Это я уже умею.

Überprüfe deinen Lernfortschritt. Kreuze in der Liste an, wie gut du in den einzelnen Bereichen bist. Schau dir bei Unsicherheiten noch einmal die entsprechenden Übungen an.

Kopiere diese Seite und lege sie in deinem Portfolio-Ordner unter „Meine Sprachbiografie“ ab.

Selbsteinschätzung vom: ______________________
(Trage bitte hier das Datum ein.)

☺ Klappt super! 😐 Ich mache noch kleinere Fehler. ☹ Ich habe noch größere Unsicherheiten/Probleme.

	Ich kann …	☺	😐	☹	Übung in …
Ich verständige mich auf Russisch.	… über einen Schüleraustausch sprechen.				У1, стр. 9/2+10+13/7б), 8 РТ, стр. 4/1
	… Sachverhalte verneinen.				У1, стр. 13/6+16/4, 5, 6 РТ, стр. 9/8+11/13+12/14, 15
	… Stimmungen und Gefühle ausdrücken.				У1, стр. 15/2 РТ, стр. 9/9
	… nachfragen, wenn ich etwas nicht verstanden habe.				У1, стр. 17/7
	… einen mündlichen und schriftlichen Reisebericht geben.				У1, стр. 18/10
	… über verschiedene Medien, ihre Nutzung sowie deren Vor- und Nachteile sprechen.				У2, стр. 22/1 а), б)+23/2, 3, 4+27/8, 9+28/10+31/4 РТ, стр. 15/1, 2+16/3, 4+19/9+20/10
	… Wünsche, Bitten und Aufforderungen in Sätzen mit чтобы ausdrücken.				У2, стр. 25/3+26/4, 5 РТ, стр. 17/6+18/7
	… mich über die Passform der Kleidung äußern.				У2, стр. 32/7 РТ, стр. 22/13
	… den Hauptinhalt eines Films oder Buchs kurz zusammenfassen.				У2, стр. 30/2 в)+33/9, 10
Ich lerne Russland kennen.	… sagen, was im russischen Alltag anders als in Deutschland ist.				У1, стр. 8/1б+15/1 г)
	… über Ivan Pavlov und sein Experiment sprechen.				У1, стр. 12/4б
	… etwas über die Städte Ekaterinburg, Novgorod und Myschkin erzählen.				У1, стр. 15/3+18/10 РТ, стр. 6/4
	… einige russische Sprichwörter und Zungenbrecher verstehen und nachsprechen.				У1, стр. 17/8 в) РТ, стр. 8/7+12/16
	… über Fernsehgewohnheiten in Russland sprechen.				У2, стр. 25/1 б)
	… mich zu den russischen Filmen «Костяника» und «Обитаемый остров» äußern.				У2, стр. 29/Б+30/2

Lern- und Arbeitstechniken

(Kreuze an, wie oft du bestimmte Lern- und Arbeitstechniken trainiert hast.)

Ich habe ...	oft	selten	nie
... unbekannte russische Wörter durch/über ihre Ähnlichkeit mit dem Deutschen, dem Englischen oder anderen russischen Wörtern erschlossen.			
... russische Wörter mit Wortbildungsregeln erschlossen.			
... die Wörter, die ich nicht verstanden habe, erfragt und deren Umschreibung verstanden.			
... bei schwierigen Passagen im zweisprachigen Wörterbuch die passende Übersetzung nachgeschlagen.			
... Wörter mithilfe von Wortbildern gelernt.			
... Lese- und Hörtexte in mehreren Schritten gut/sicher bearbeitet.			
... unbekannten Texten unter besonderer Beachtung von Schlüsselwörtern die wesentlichen Informationen entnommen.			
... in Hörtexten Schlüsselwörter herausgefiltert und mit deren Hilfe den Textinhalt verstanden.			
... meinen geschriebenen Text auf Fehler durchgesehen und diese korrigiert.			
... Präsentationen mithilfe von Stichwortzetteln und/oder Medien selbstständig erstellt.			
... deutsche Texte auf Russisch zusammengefasst.			
... die wesentlichen Inhalte eines russischen Textes auf Deutsch zusammengefasst.			
... zwischen Deutschen und Russen gedolmetscht.			
... Berichte über besondere Erlebnisse erstellt.			
... den Inhalt eines Buchs/Films kurz zusammengefasst.			
... Aufgaben zur Selbstkontrolle gelöst und mit den Lösungen verglichen.			

Was ich für mein Sprachenlernen in nächster Zeit häufiger machen werde:

Планы на будущее

Старт

1 Во время работы

Прочитай, о чём говорят и думают люди на работе. Напиши, какая у них профессия.
In der Diagonale ergibt sich das Lösungswort.

1. Надо посмотреть это слово в словаре.
2. На тренировку надо приходить чаще.
3. Какое интересное дерево!
4. PHP, Java, C++
5. Так, посмотрим, что с вашей собакой.
6. Сейчас иду вместе с врачом к пациенту.
7. Дорогие пассажиры, мы прилетаем в Москву через 40 минут.
8. Пожалуйста, вот меню!
9. Как интересно! Напишу об этом в газете.

Отгадка: разные

S32 ### 2 И ещё о профессиях

Перед аудированием

а) Прочитай названия следующих профессий и угадай значение слов.

кассир ______________________ мастер роботов ______________________

косметолог ______________________ парикмахер ______________________

космический гид ______________________ почтальон ______________________

б) Прочитай вопросы, на которые ответили слушатели молодёжного радио.
Wie würdest du antworten?

1. Какие из этих профессий «самые счастливые»?

____

2. Каких профессий, по-вашему, скоро не будет?

____

3. Какие из этих профессий – профессии будущего?

____

Во время аудирования

в) Послушай CD и сравни свои ответы с ответами слушателей.

3 Кем хотят стать ребята? § 7

а) Прочитай предложения и посмотри на картинки.

Напиши, кто хочет стать кем.

1. Я очень люблю животных, поэтому я хочу стать *ветеринаром.*
2. Я люблю общаться с детьми. Я хочу стать ____
3. Я часто занимаюсь футболом и хоккеем. Я хочу стать ____
4. Мне нравится выступать на сцене, поэтому хочу стать ____
5. Я увлекаюсь модой, люблю рисовать. Я хочу стать ____
6. У меня хороший голос, поэтому я хочу стать ____
7. Я интересуюсь литературой и языками. Я хочу стать ____
8. Я люблю быть рядом со знаменитыми людьми и защищать их. Я хочу стать ____

б) **О себе** Кем ты хочешь стать и почему?

____

____

4 Каким надо быть?

Напиши, каким надо быть, чтобы стать, например, Дедом Морозом.
Используй слова из мешка Деда Мороза.

1. Дед Мороз: *Чтобы стать Дедом Морозом, надо быть добрым и весёлым.*
2. Снегурочка: ____
3. президент: ____
4. модель: ____
5. футболист: ____
6. учёный: ____
7. журналистка: ____

А Кем стать?

5 Слова, слова

а) Соедини (Verbinde) новые слова с данными объяснениями (angegebenen Erklärungen) и напиши перевод новых слов.

безработный	1	А	÷ найти работу	1.	
выбор	2	Б	без помощи других	2.	
зарплата	3	В	и ещё	3.	
кроме того	4	Г	очень хотеть	4.	
мечтать	5	Д	деньги, которые получают за работу	5.	
офис	6	Е	человек, у которого нет работы	6.	
потерять работу	7	Ё	бюро	7.	
самостоятельно	8	Ж	когда можно выбирать	8.	

б) Дополни предложения. Используй слова из а).

Папа работал программистом в ____________________. Но недавно он ____________________. Поэтому он стал ____________________. Папа, конечно, ____________________ быстро найти новую работу, но ____________________ был небольшим, поэтому он долго искал работу. Однажды ему сделали интересное предложение: работать дома. Папа был очень рад, что у него опять была работа. Сегодня он получает хорошую ____________________ и, ____________________, может работать ____________________.

6 К тексту

а) Интервью с Женей. Прочитай текст А ещё раз. Ответь на вопросы журналиста от лица (aus Sicht von) Жени.

❖ Добрый день. Как тебя зовут?

❖ ____

❖ Скажи, какая профессия тебе нравится?

❖ ____

❖ Ты уже играл в фильмах?

❖ ____

❖ Значит, ты уже решил, что будешь актёром?

❖ ____

____

❖ А почему тебя интересует работа программиста?

❖ ____

____

____

____

❖ А минусы в работе программиста, по-твоему, есть?

❖ ____

❖ Спасибо за интервью, Женя.

б) Разыграй интервью с одноклассником. Erstelle dazu einen Stichwortzettel mit je einem Stichwort pro Satz.

в) Придумай интервью с Настей, Витей или Сардааной и разыграй его с одноклассником.

7 Кто я по профессии? §8

а) Прочитай текст и вставь **а**, **и** или **но**.

Я часто работаю с людьми, ________ больше люблю работать с животными. А ещё больше с дикими (wild) животными. Объектом моей работы часто становится ________ сама природа. Мне нравится снимать леса, реки ________ горы. ________ иногда я снимаю ________ места экологических катастроф. Газеты ________ журналы часто покупают результаты моей работы, ________ не всегда я получаю за них хорошие деньги. ________ жить ведь надо!

б) Кто этот человек по профессии? ____________________________

✻ **в)** Denke dir einen ähnlichen Text über einen anderen Beruf aus, in dem du die Konjunktionen **а**, **и** und **но** verwendest und schreibe ihn auf ein Blatt. Прочитай твой текст одноклассникам. Они должны угадать, кто этот человек по профессии. Ты можешь сохранить свой текст в своём портфолио.

8 Говори громче! §9

а) Посмотри на картинки. Ergänze jede Aussage mit der Form eines einfachen Komparativs. Notiere darunter das Gegenteil dieses Komparativs.

1. *Говори громче!* / *≠ тише*
2. *Мне* ________ / ________
3. *Что* ________ / ________
4. *Читай* ________ / ________

У меня всё

Этот путь

Моя сестра

Ребята,

б) Что учителя часто говорят ученикам на уроке? Schreibe solche Aufforderungen in dein Heft. Verwende dazu Komparative in Verbindung mit folgenden Verben: **говорить – готовиться – пользоваться – работать – разговаривать – рассказывать – решать задания – слушать – учиться – читать**.

» *Говорите громче! / свободнее!*

9 Пословицы

Соедини (Verbinde) части выражений слева с теми, которые стоят справа и составь пословицы. Переведи их на немецкий язык. Finde gegebenenfalls eine deutsche Entsprechung.

В гостях хорошо,	1	А	чем никогда.
Тише едешь,	2	Б	чем сто раз услышать.
Старый друг	3	В	а дома лучше.
Лучше поздно,	4	Г	дальше будешь.
Лучше один раз увидеть,	5	Д	лучше новых двух.

10 Арик выше Саши

а) Сравни Арика с Сашей и Павликом.
Verwende beim Vergleich den Genitiv.
Напиши предложения в тетради.

++ = очень хорошо + = хорошо − = плохо

» *Арик выше Саши (на 5 сантиметров), но ниже Павлика (на 7 сантиметров).*

	Саша		Арик		Павлик	
рост	1.72 м		1.78 м		1.85 м	
возраст	17		16		15	
языки	🇬🇧 +	🇩🇪 −	🇬🇧 ++	🇩🇪 +	🇬🇧 ++	🇩🇪 ++
спорт	⛸ ++	🛹 +	⛸ +	🛹 ++	⛸ +	🛹 −
телевизор	1 час		2 часа		1 час	

б) **О себе** Vergleiche dich mit zwei Freunden. Verwende dafür die Kriterien der Tabelle in a). Напиши предложения в тетради.

S33 ◎

11 Моя профессия – это моя жизнь!

Перед аудированием

а) Прочитай слова с объяснениями (Erklärungen) и найди перевод.

ролик = короткий фильм ______________________

новостник = человек, который пишет новости и читает их слушателям ______________________

образ жизни = стиль жизни ______________________

б) Посмотри на картинку. Напиши, почему эта девушка, по-твоему, говорит: «Моя профессия – это моя жизнь».

____

____

____

Во время аудирования

в) Послушай интервью и ответь на следующие вопросы.

О чём интервью? ______________________

Кто даёт интервью? ______________________

Где она работает? ______________________

Сколько времени она там работает? ______________________

г) Послушай интервью второй раз и дополни таблицу.

Это для Дианы важно.	Об этом она мечтала.	Это она делала для карьеры.	Этим она занимается на работе.

д) Как ты понимаешь слова Дианы «Моя профессия – это мой образ жизни»?

___

___

е) В чём ты видишь плюсы и минусы профессии ведущей?

плюсы	минусы

✻ **ж)** Найди плюсы и минусы твоей любимой или другой профессии и напиши их на листе бумаги. Сохрани его в своём портфолио.

Б Важнее всего верить в себя

12 К тексту

Прочитай текст Б ещё раз. Что правильно? Manchmal kannst du mehrere Lösungen ankreuzen.

1. Тигррр95 пишет о своих проблемах в Интернете, потому что
   - ☐ у него нет друзей.
   - ☐ ему нужна помощь.
   - ☐ ему скучно.
2. Тигррр95 думает, что … важнее всего в жизни.
   - ☐ рост
   - ☐ успех
   - ☐ быть героем
3. Тигррр95 – мальчик
   - ☐ маленького роста.
   - ☐ среднего роста.
   - ☐ высокого роста.
4. Гагарин родился
   - ☐ в Москве.
   - ☐ в маленькой деревне.
   - ☐ за границей.
5. Он увлекался
   - ☐ космосом.
   - ☐ велоспортом.
   - ☐ техникой.
6. Его слова перед стартом были
   - ☐ «Поехали».
   - ☐ «Всё проходит нормально».
   - ☐ «Я вас люблю».
7. Люди говорят, что он погиб
   - ☐ в авиационной катастрофе.
   - ☐ в автомобильной катастрофе.
   - ☐ когда ему было 65 лет.
8. Громов советовал Тигрррy95
   - ☐ верить в себя.
   - ☐ стать космонавтом.
   - ☐ больше заниматься велоспортом.

13 Сделай сам!

а) Напиши, что они должны делать сами или сделали сами. Verwende die Verben: **приготовить**, **убирать**, **спросить**.

> **Сам, самá, сáми** stimmen in Genus und Numerus mit dem Subjekt überein.

б) **О себе** Напиши, что ты делаешь сам(а). ______________________________

____

14 Лена и её класс § 10

Прочитай, что Лена рассказывает о своём классе. Дополни предложения. Verwende die einfachen Superlative von **старый**, **активный**, **хороший**, **интересный**, **трудный**, **много**.

Артёму уже 16 лет. Он в нашем классе ______________. У Тани разные хобби: спорт, музыка, театр … В классе она ______________. Все ребята хорошо говорят по-немецки, но Света говорит по-немецки ______________. Вчера мы говорили о летних каникулах, и Ира, как всегда, рассказывала ______________. Макс не любит русский язык. Писать сочинения для него ______________. В свободное время одноклассникам очень нравится играть на компьютере, но Олегу ______________ нравится играть на пианино.

15 Конкурс по математике

> Саша на 8 месяцев старше Петра, но на 7 месяцев моложе Оли. Рая на 6 месяцев моложе Саши. Таня на 10 месяцев старше Петра. Всем вместе 905 месяцев.

а) Сколько месяцев каждому из них?

____

____

б) Кто моложе, а кто старше всех?

____

в) Denke dir ähnliche Aufgaben aus. Напиши их в тетради. Stelle sie deinen Mitschülern.

Кем стать?

1. Übt zu zweit. Einigt euch, wer Rolle **А** und wer Rolle **Б** übernimmt.
2. Übertragt die gelb unterlegten Sätze ins Russische.
3. Vergleicht mit den Musterübersetzungen in den eckigen Klammern.
4. Wechselt die Rollen nach einem Durchgang.
5. Faltet den Bogen entlang der senkrechten Mittellinie. **А** beginnt.

А	Б
Du fragst deinen Partner, ob er schon weiß, was er werden will.	[Ты уже знаешь, кем ты хочешь стать?]
[Нет, ещё не знаю. Есть много интересных профессий.]	Du antwortest ihm, dass du dies noch nicht weißt, weil es so viele interessante Berufe gibt.
Du stimmst ihm zu und sagst, dass die Berufswahl sehr schwierig ist und dass es Tests gibt, die dabei helfen.	[Да, ты прав. Выбрать профессию – это очень трудно. Но есть тесты, которые могут в этом помочь.]
[Я уже слышал об этом. Но я не могу себе представить, что так можно найти профессию.]	Du sagst, dass du davon schon gehört hast, dir aber nicht vorstellen kannst, dass man so einen Beruf finden kann.
Du möchtest wissen, warum nicht. Du erzählst, dass ihr im Unterricht so einen Test gemacht habt und die Ergebnisse sehr interessant waren.	[Почему нет? На прошлой неделе мы на уроке делали такой тест. Результаты были очень интересными.]
[Ты согласен с этими результатами?]	Du möchtest wissen, ob dein Partner mit diesen Ergebnissen einverstanden ist.
Du sagst, dass du sehr zufrieden bist und vielleicht Programmierer wirst, weil du selbst kleine Programme schreibst.	[Да, очень. Может быть, я стану программистом. Я сам пишу маленькие программы.]
[Целый день сидеть у компьютера – это очень скучно! Я больше всего люблю быть креативным и работать с людьми.]	Für dich ist es schrecklich langweilig, den ganzen Tag am Computer zu sitzen. Du sagst, dass du am liebsten kreativ bist und mit Menschen arbeitest.
Du denkst, dass ein guter Beruf für ihn Reiseleiter ist, weil er am besten von allen über Länder, ihre Leute und ihre Kultur erzählen kann.	[Я думаю, что гид – хорошая профессия для тебя. Ты лучше всех умеешь рассказывать о странах, людях и их культуре.]
[Это прекрасная идея! И гидам, наверное, проще найти работу, потому что людям всегда хочется отдыхать и путешествовать.]	Für dich ist dies eine sehr gute Idee. Du sagst, dass Reiseleiter sicherlich leichter Arbeit finden, weil die Leute sich immer erholen und verreisen wollen.
Du stimmst deinem Partner zu und fragst, was er über Karriere und Geld denkt.	[Я с тобой согласен. А что ты думаешь о карьере и о деньгах?]
[Карьера и деньги – это не всё. Важнее всего – хорошая и интересная работа.	Du sagst, dass Karriere und Geld nicht alles sind. Du denkst, dass das Wichtigste eine gute und interessante Arbeit ist.

самоконтроль

Auf dieser Seite kannst du dich selbst testen. Die Lösungen sind auf Seite 63.

а) Кроссворд

(1) ■ профессию – очень трудно. Я ещё не знаю, кем я хочу (2) ■. Моя подруга Оля (3) ■ ■ любит работат с людьми. Её (4) ■ – стать врачом или (5) ■. Алекс из 9 Б даже хочет (6) ■ в космос. Оксана считает, что (7) ■ ■ – иметь интересную работу. Для неё (8) ■ или (9) ■ не играют большой роли. Женю (10) ■ профессия программиста. Он хочет как можно (11) ■ зарабатывать деньги. Женя знает, что программистам (12) ■ найти работу (13) ■ ■. Он не хочет быть (14) ■. А какие планы у тебя на (15) ■? (16) ■ ты хочешь работать?

б) Вопросы

Ответь на вопросы из а). Напиши ответы в тетради.

Am Ende der dritten Lektion kann ich ...

- ☐ mich auf meinen Berufswunsch testen.
- ☐ Berufe benennen und über deren Vor- und Nachteile sprechen.
- ☐ über eigene Berufswünsche sprechen.
- ☐ Texte gliedern und in einem Schaubild zusammenfassen.
- ☐ Details aus Biografien von berühmten russischen Persönlichkeiten verstehen.
- ☐ быть und стать mit dem Instrumental verwenden.
- ☐ die Konjuktionen а, и und но gebrauchen.
- ☐ das Pronomen сам verwenden.
- ☐ den einfachen Komparativ und Superlativ der Adjektive und Adverbien bilden und gebrauchen.
- ☐ Vergleiche formulieren.
- ☐ den Superlativ mit всех/всего bilden und gebrauchen.

Probiere aus, ob du zu jedem Punkt Beispiele formulieren kannst. Запиши их на листе бумаги и сохрани его в своём портфолио.

Из прошлого в будущее

Старт

1 Путешествие по истории

а) Дополни предложения. Напиши слова в правильной форме.

1. Война советской армии против Германии кончилась в мае 1945 года. 9-е мая – это День ______ в России.
2. Победа над Наполеоном была важным историческим ______.
3. Во время ______ Михаил Горбачёв хотел провести много реформ.
4. В 1917 году большевики пришли к ______.
5. Киевская Русь – это первое русское ______.
6. В 1825 году декабристы организовали ______ против царя.
7. В XIX веке во многих европейских странах уже не было ______ права.

б) Выпиши из слов выделенные (die hervorgehobenen) буквы по порядку. Составь из них два слова и вставь эти слова в следующее предложение. Так ты узнаешь интересный факт об Октябрьской революции 1917 года.

Эта революция была первым в мире политическим событием, информацию о котором можно было услышать __ _____.

2 Основание Петербурга

а) Прочитай текст с помощью словаря и напиши 2–3 предложения, о чём в нём идёт речь.

Пётр Первый царствовал с 1698 до 1725 года. Его роль в истории России огромна. В XVII веке Россия отстала от западноевропейских стран, поэтому Пётр решил провести важные для страны реформы.

Царь много путешествовал по Европе, он очень интересовался другими странами. Он путешествовал по Германии, Англии, Голландии и Франции, где он видел много красивых и интересных городов. Тогда Пётр Первый решил, что России нужна новая современная столица. Старую Москву он никогда не любил. Москва была совсем не похожа на города, которые он видел за границей. По его мнению Москва была не городом, а большой деревней. Царь мечтал о другой столице – с каменными многоэтажными домами, с прямыми широкими улицами, с прекрасными дворцами и, конечно, с большим портом.

Для нового города Пётр выбрал место на севере России, потому что стране нужен был выход к морю. Была только одна беда – болота. Всё-таки в 1703 году начали строить новый город на берегу Невы.

_______________ На строительство города Пётр пригласил лучших русских и иностранных
_______________ архитекторов. Итак, за короткое время на месте небольших деревень
_______________ возник большой город с красивыми дворцами и парками. В 1712 году Петербург стал столицей России.

____

____

____

б) В тексте 4 абзаца. Прочитай текст ещё раз и найди заглавие к каждому абзацу. Напиши его справа от текста.

в) Прочитай второй абзац ещё раз. Выпиши из него, что Пётр Первый думал о своей новой столице. Verwende dabei den Nominativ.

г) Перескажи текст своими словами. Для этого сначала подчеркни (unterstreiche) нужную информацию в каждом абзаце.

A «Если я когда-нибудь стану царицей …»

3 Первые годы в России

а) Ты знаешь все эти слова? Напиши их по-русски.

______________ (Heimat)	______________ (traurig)	______________ (unhöflich)
______________ (Kleid)	______________ (Möglichkeit)	______________ (Teil)
______________ (Dame)	______________ (Gold)	______________ (froh sein *f.*)
______________ (Hochzeit)	______________ (sich erinnern *uv.*)	______________ (geben *vo.*)
______________ (lernen *vo.*)	______________ (Glaube)	

б) Прочитай ещё раз, что Софи написала в своём дневнике (текст на стр. 110). Вставь нужные по форме и содержанию (Inhalt) слова из а).

Софи была очень ______________, что она приехала в Петербург. Она часто ______________ поездку в Россию. Они ехали долго и было очень холодно. В Петербурге Софи много занималась русским языком. Она хотела как можно быстрее ______________ его, потому что она хотела, чтобы Россия стала её ______________. В мае 1744 г. во дворце был пожар. Тогда сгорела ______________ гардероба Елизаветы – 6 000 ______________. Софи всё больше нравилась жизнь во дворце, потому что здесь было много праздников и много ______________. А ещё ей нравилось, что ______________ носили красивые платья по последней французской моде. В конце мая 1744 г. было крещение Софи в русскую ______________ и ей ______________________ новое имя – Екатерина Алексеевна. В августе 1745 г. была ______________________ Екатерины с Петром. Это было очень важное событие в жизни Екатерины, но ей было ______________________ в этот день. По её мнению Пётр был ______________________ человеком и интересовался только своими солдатиками.

И всё-таки Екатерине нравилось в Петербурге. Она поняла, что у неё в России больше ______________________, чем на родине.

4 Дай мне, пожалуйста, …

Вставь в диалоги нужные формы глагола (Verb) **дать**.

Дай мне, пожалуйста, твой учебник истории.
Подожди минуточку. Я тебе его сейчас __________.

Когда вы, наконец, нам ____________ книгу?
Не волнуйтесь. Завтра мы вам её ____________.

Когда ты мне ____________ e-mail Димы? Он мне очень нужен.
Вот он.

Спасибо. А e-mail Антона у тебя есть?
Нет, но спроси у его одноклассников. Они тебе его ____________.

Дайте нам, пожалуйста, номер мобильника Иры.
У нас нет её номера. Спросите у Веры. Она вам __________.

5 Что они думают? § 11

Напиши, что думают эти люди.

1. Екатерине кажется, что Пётр не любит Россию. (полюбить больше Россию)
2. Екатерина хочет потанцевать с Петром. (потанцевать с ней)
3. Нина уже целый час ждёт подругу. (прийти уже скорее)
4. Серёже трудно решить задание, а его друг быстро решил его. (помочь ему наконец)

«Полюбил бы он Россию!»

____

____

____

S40

6 Три короны

а) Послушай разговор и напиши, кто с кем и о ком разговаривает.

____

б) Послушай разговор ещё два раза и отметь правильный ответ.

1. Когда бабушка рассказывала Софи о Петре, Софи было ☐ 12 лет. ☐ 13 лет. ☐ 14 лет.
2. Тогда Софи даже не могла представить себе, что ☐ Пётр будет жить в России. ☐ она поедет в Петербург. ☐ Пётр станет её мужем.
3. Из рассказа бабушки она узнала, что мать Петра звали ☐ Елизавета. ☐ Анна. ☐ Татьяна.

4. Когда Софи узнала, что случилось с мамой Петра, она сказала: ☐ «Приехал бы он к нам в гости!»
   ☐ «Как бы я хотела его увидеть!» ☐ «Было бы у него больше друзей!»
5. Когда бабушка рассказала, что Петра ждут три короны, Софи сказала:
   ☐ «Была бы у меня хотя бы одна корона!» ☐ «Уехал бы он из Германии!»
   ☐ «Какой он счастливый человек!»

в) Найди с помощью Интернета информацию о том, почему Петра ждали три короны. Напиши эту информацию по-немецки в тетради. Tipp: Peter wurde später Peter III.

7 Если бы я была царицей, … § 12

а) Не только Екатерина мечтала стать царицей. Дополни, о чём мечтает Баба-Яга.

❖ Если бы я была царицей, **жить в прекрасном дворце**

я ____

❖ Если бы я жила в прекрасном дворце, я каждый день **надевать новое платье**

____

❖ ____ **быть самой красивой женщиной в мире**

____

❖ ____ **нравиться всем мужчинам**

____

б) А что ещё говорит Баба-Яга? Продолжи цепочку в тетради.

❖ *Если бы я нравилась всем мужчинам, …*

8 Если – если бы

а) Дополни предложения. Achte beim Einsatz der Verben darauf, ob der Konditionalsatz eine reale oder eine nicht reale Bedingung für die Handlung im Hauptsatz angibt.

1. Если у нас в субботу будет время, мы ________________ *(смочь)* пойти на выставку о Екатерине II.
2. Если бы мой друг не болел, он ____________________ *(мочь)* помочь мне написать реферат об эпохе Сталина.
3. Если завтра будет хорошая погода, ребята ____________________ *(поехать)* на экскурсию в горы.
4. Если я его увижу, я обязательно ______________________ *(поговорить)* с ним о поездке в Москву.
5. Если бы она больше знала о Великой Отечественной войне, она ______________________ лучше ______________________ *(ответить)* на экзамене.
6. Если бы я написала брату e-mail, он ______________________ *(приехать)* встретиться с нами.

б) **О себе** Напиши, что ты сделаешь, если у тебя завтра будет время.

____

____

в) **О себе** А что ты сделал/а бы в прошлое воскресенье, если бы ты встретился/встретилась с друзьями?

____

____

____

9 Как они чувствуют себя?

Дополни, как эти люди чувствуют себя в следующих ситуациях.

1. Сегодня Серёжа пришёл очень поздно домой. Он сказал: «Ой, как я ____________________!»
2. Учителю понравился реферат Вовы о войне против Наполеона.

   Он ему сказал: «Я очень ____________________ твоим рефератом».
3. Скоро у Тани экзамены. Она всегда их очень ____________________.

   Мама ей говорит: «Не надо ___________________________! Всё будет хорошо».
4. Миша сказал, что он обязательно позвонит Лизе, но он не позвонил.

   Поэтому Лиза очень ____________________ на него.
5. Завтра Саша первый раз полетит на самолёте.

   Поэтому он очень ___________________________ и ночью не может спать.
6. Лере очень __________________, потому что она не может провести каникулы вместе с друзьями.

10 Мне кто-нибудь звонил? § 13

а) Вставь **-нибудь** или **-то**.

б) Придумай похожий диалог и напиши его в тетради. Verwende dabei die unbestimmten Pronomen.

Б Янтарная комната

11 Через годы § 14

Вставь правильные окончания и слова **через**, **после**, **с**, **перед**, **в**.

Екатерина или, как её тогда звали, Софи Аугусте Фридерике родилась _____1729____ год____ в Германии. В Россию она приехала _____ январ____ 1744_____ год____. А в 1743____ год____ Софи ещё жила дома и она даже не думала, что приедет в Россию.

____ 28____ ма____, __________ крещения в русскую веру, её стали звать Екатериной. 21_____ август____, уже __________три месяца, была её свадьба. __________ свадьбой она была очень грустная, но она уже мечтала стать русской царицей. И __________ 18 лет, в 1762____ год____, она действительно ей стала. Екатерина умерла______ 1796____ год____.

12 Время и вопросы

а) Переведи следующие вопросы на русский язык.

Wie lange? = ______________________________

Wann? = ______________________________

Seit wann? (Seit welchem Jahr?) = ______________________________

Seit welchem Monat? = ______________________________

Seit welcher Klasse? = ______________________________

Bis wann? (Bis zu welchem Jahr?) = ______________________________

Bis zu welchem Monat? = ______________________________

Bis zu welcher Klasse? = ______________________________

б) **О себе** Напиши ответы на вопросы русского партнёра.

Когда ты родился/родилась (число, год)?	
С какого года ты учишься в школе?	
Как долго ты учишь русский язык?	
Чем ты занимаешься после уроков?	
Как долго ты обычно делаешь уроки?	
Где ты отдыхал(а) в этом году? А год назад?	
Как ты думаешь, где ты будешь жить и что ты будешь делать через 20 лет?	

13 И с тех пор …

✻ Прочитай в тексте Б предложения со словосочетаниями **с тех пор** и **до сих пор**. Придумай и напиши на листе бумаги три ситуации с этими словами.

» *Неделю назад я получил(а) очень интересный e-mail и с тех пор я думаю только о нём. Но я ещё до сих пор не ответил(а) на него.*

14 Кёнигсберг / Калининград § 15

а) Вставь слова и словосочетания **был открыт** (2x), **был разрушен**, **был основан**, **была построена**, **было разрушено**.

Город ____________________ в 1255 году. Тогда этот немецкий город назывался Кёнигсберг.

В Кёнигсберге в 1724-м году родился Иммануил Кант.

В 1919 году в Кёнигсберге ____________________ аэропорт. Это первый аэропорт Германии и один из первых аэропортов Европы и мира.

В августе 1944-го года город Кёнигсберг ____________________ сильно ____________________.

После Великой Отечественной войны он стал частью СССР. С 4-го июля 1946-го года город называется Калининград.

В 1979 году в Калининграде ____________________ Музей янтаря. Он находится в историческом здании, которое ____________________ во время войны, а после войны его восстановили. Это здание – башня «Дона»[1]. Она ____________________ в 1858 году. Сегодня в Музее янтаря находится 6 000 экспонатов. Самый большой янтарь в музее весит[2] 4 кг. Самый редкий экспонат музея – это янтарь с ящерицей[3]. Её длина 4 см и ей 50 миллионов лет!

б) Переведи эти факты на немецкий язык для презентации о Калининграде в твоём классе на уроке истории. Напиши их в тетради.

1 **ба́шня До́на** Dohna-Turm, erbaut und benannt zu Ehren des preußischen Feldmarschalls Karl Friedrich zu Dohna-Schlobitten – 2 **ве́сит** wiegt – 3 **я́щерица** Eidechse

15 Емейлы, письма, открытки …

от: nastja_g@mail.ru
кому: viktor, sardaana, zhenja
тема: Привет!

Ребята, привет!

Как у вас дела?

Я вам уже писала, что работаю над проектом «Янтарная комната». Я узнала так много интересного, это целый исторический детектив! Мне бы очень хотелось увидеть всё своими глазами. У меня есть идея. Мы ведь хотели поехать летом на рок-концерт в Питер. Концерт проходит вечером, а днём мы могли бы поехать в Царское Село и посмотреть Янтарную комнату.

Как вам нравится эта идея? Жду ответа.

Пишите.

Настя

а) Прочитай e-mail Насти. Что она предлагает (schlägt vor) своим друзьям? Продолжи предложения.

Настя хочет ____________________

Она хочет, чтобы они вместе ____________________

____

б) Дополни таблицу. Ergänze in der Spalte „Offizielle Schreiben“ die fehlenden Endungen und in der rechten Spalte die Redewendungen, die man beim Schreiben von „privaten“ Mitteilungen verwendet.

	Offizielle Schreiben	„Private“ / inoffizielle Schreiben
Anrede	Уважаем______ дамы и господа! Уважаем______ господин Вебер! Уважаем______ госпожа Вебер! Уважаем______ Иван Антонович! Уважаем______ Анна Сергеевна!	
Anliegen / Anlass	Буду очень благодар_____ /благодар_____, если Вы … Не мог_____ бы Вы + Inf. (vo) помочь/ написать/прислать … Я очень хо________ бы + Inf.	
Dank	Больш_____ спасибо Вам за + Akk.	
Schluss	С уважени_____	

в) Напиши в тетради ответ Насте на её e-mail от одного из ребят: от Виктора, Сардааны или Жени.

г) Verfasse ein offizielles Schreiben an das Bernsteinmuseum in Kaliningrad. Für deinen Teil des Schulprojektes über die Bernsteine der Ostsee brauchst du interessantes zusätzliches Material und vor allem Fotos von besonderen Ausstellungsstücken. Du hast erfahren, dass dieses Museum ganz besondere Bernsteine besitzt, und bittest darum, dir Fotos von einigen besonderen Exemplaren zu schicken. Verwende die für ein offizielles Schreiben notwendigen Redewendungen.

от: ____

кому: ambermuseum@bds.ru

тема: Материалы о янтаре

Уважаемые ____

____

____

____

____

____

____

____

S41 ## 16 Разные имена Царского Села

Перед аудированием

а) Переведи эти слова и словосочетания. Они помогут тебе лучше понять текст.

село = деревня –

территория – ____

резиденция – ____

официальный – ____

название (vgl. называться) – ____

Швеция – ____

переименовать = дать другое имя – ____

в честь – *zu Ehren*

Во времени аудирования

б) Послушай текст первый раз. Bringe die Namen der Stadt in die chronologische Reihenfolge.

☐ ЦАРСКОЕ СЕЛО ____

☐ САРСКОЕ СЕЛО ____

☐ ДЕТСКОЕ СЕЛО ____

☐ ПУШКИН ____

☐ САРСКАЯ МЫЗА[1] ____

в) Послушай текст второй раз и напиши, с какого до какого года у города были эти имена. Послушай текст третий раз и исправь ошибки, если они есть.

г) Почему город называется Пушкин?

____

____

____

1 **мы́за** *(finnisch/schwedisch)* Anhöhe, Hügel

Из прошлого в будущее

Перед игрой: Повтори факты из русской истории. Правила игры: участвуют 2–4 ученика.
Игра начинается на старте. Ученик A бросает кубик, идёт вперёд. Потом он решает своё задание, читает вслух (laut) факты/ответы. Если он сделал ошибку, он пропускает один ход.
Выиграл тот, кто первым пришёл к финишу.

СТАРТ
«прошлое»

1 Киевская Русь: Основание первого русского государства было в ■.

2 Монголо-татарское иго было ■ 1237 ■ 1480 ■.

3 Rücke auf das Feld, das von der Gründung St. Petersburgs berichtet.

4 Иван Грозный – это ■.

5 Gehe auf das Feld der deutschen Prinzessin.

6 Известный царь: (1672–1725) провёл важные реформы; основал Санкт-Петербург. Его зовут ■.

7

8 Екатерина Вторая (1729–1796) – это немецкая ■ и русская ■.

9 Rücke auf das Feld, das von der Beseitigung der Leibeigenschaft berichtet.

10 В 1812 году была Отечественная война с ■.

11 Восстание в 1825 году – это восстание ■.

12 Александр II отменяет крепостное право в ■.

13 Gehe auf das Feld der Gründung der UdSSR.

14 Октябрьская революция была в ■.

15 В 1922 году был основан ■.

16 Rücke auf das Feld: Großer Vaterländischer Krieg.

17 Эпоха Сталина была ■ 1924 ■ 1953 ■.

18 ■ Отечественная война (1941–1945)

19 Gehe auf das Feld: Gründung der Russischen Föderation.

20

21 Перестройка была ■ 1985 ■ 1991 ■.

22 Как зовут первого и последнего президента СССР?

23 Основание Российской Федерации было в ■.

24

ФИНИШ
«будущее»

самоконтроль

Auf dieser Seite kannst du dich selbst testen. Die Lösungen sind auf Seite 63.

а) Кроссворд

Какое слово мы ищем? Notiere die Lösungen im Nominativ.

1. Первый русский царь
2. Крепостное право отменил царь …
3. Русский царь, который провёл важные реформы – …
4. Время в СССР с 1985 до 1991 года
5. Одно из имён Екатерины II до её крещения в русскую веру
6. Калининград раньше назывался …
7. Из него сделана известная комната в Екатерининском дворце

Отгадка: Мы ищем слово ______ .

б) По-русски

Напиши следующий диалог в тетради.

- Frage deinen russischen Gesprächspartner, ob dieser schon irgendwann einmal in Zarskoje Selo war.
- Er antwortet, dass er noch nie dort war, aber gerne dorthin fahren würde.
- Sage, dass du dort schon vor zwei Jahren warst und schlage ihm vor, dass er morgen (falls er Zeit hat) zu der Exkursion mitkommen könnte.
- Er freut sich darüber und ist damit einverstanden.
- Frage ihn, ob er dir noch irgendeine andere interessante russische Stadt empfehlen kann.
- Er empfiehlt dir nach Kaliningrad zu fahren, wo sein Onkel wohnt.
- Du fragst ihn, was man dort besichtigen könnte, und sagst, dass es schön wäre, zusammen dorthin zu fahren oder sich dort zu treffen.
- Er antwortet, dass er dir (falls du es möchtest) seine E-Mail-Adresse geben wird. So könntet ihr einander schreiben und euch in einem Jahr wieder in Russland treffen.

Am Ende der vierten Lektion kann ich …

- ☐ mich in kurzer Form zu einzelnen Etappen der geschichtlichen Entwicklung Russlands äußern.
- ☐ zu bestimmten Ereignissen aus Katharinas Leben Aussagen treffen und diese bewerten.
- ☐ Aussagen als möglich oder Wunsch darstellen.
- ☐ Aussagen zu realen und irrealen Bedingungen, unter denen ein Geschehen verläuft, formulieren.
- ☐ eigene Texte mithilfe anderer Texte verfassen.
- ☐ historische Ereignisse in kurzer Form wiedergeben und in zeitliche Zusammenhänge einbetten.
- ☐ ein offizielles Schreiben (Brief oder E-Mail) verfassen.
- ☐ das Verb дать gebrauchen.
- ☐ den Konjunktiv bilden und anwenden.
- ☐ irreale Konditionalsätze mit если бы bilden.
- ☐ Indefinitpronomen und -adverbien mit -то und -нибудь verstehen und gebrauchen.
- ☐ Kurzformen des Partizips Präteritums Passiv erkennen und übersetzen.
- ☐ verschiedene Zeitangaben verstehen und gebrauchen.

Probiere aus, ob du zu jedem Punkt Beispiele formulieren kannst.
Запиши их на листе бумаги и сохрани его в своём портфолио.

ТРКИ – тесты по русскому языку как иностранному

1.	– Иван Николаевич, Вы завтра … интервью об открытии выставки «Немцы в России»?	А) Б) В)	дали дадите давали
2.	Если у меня в субботу будет время, я обязательно … новый фильм о восстании декабристов.	А) Б) В)	посмотрю посмотрел бы посмотрел
3.	Если бы ты пришёл раньше, мы … встретиться с друзьями.	А) Б) В)	смогли бы сможем смогли
4.	Хотя у Риты завтра день рождения, ей очень … в этот день.	А) Б) В)	весело хорошо грустно
5.	Какой сюрприз! Я очень … твоему подарку.	А) Б) В)	доволен рад виноват
6.	– Какие у тебя планы на каникулы? – Я ещё не знаю, что буду делать. Может быть, я уеду … из моих друзей.	А) Б) В)	с кем-то с кем-нибудь у кого-нибудь
7.	– Когда твой отец придёт домой? – …	А) Б) В)	Месяц назад. Час назад. Через час.
8.	– Когда ты последний раз встречался с твоим двоюродным братом? – …	А) Б) В)	Два года назад. Через год. Три года.
9.	Я слышал, что Историческому музею уже много лет. Скажите, пожалуйста, в каком году он … ?	А) Б) В)	будет основан был основан было основано
10.	Новая библиотека … в следующее воскресенье. Приходите на открытие!	А) Б) В)	будет открыта была открыта было открыто
11.	В каком стиле … новые здания университета?	А) Б) В)	построен построена построены
12.	Уважаемый господин Иванов! … помочь мне найти интересную информацию на тему «Реформы Петра Первого»?	А) Б) В)	Вы не могли бы Ты не мог бы Вы не могли

Матрица: Kreise jeweils die richtige Antwort ein.

1.	А	Б	В
2.	А	Б	В
3.	А	Б	В
4.	А	Б	В
5.	А	Б	В
6.	А	Б	В

7.	А	Б	В
8.	А	Б	В
9.	А	Б	В
10.	А	Б	В
11.	А	Б	В
12.	А	Б	В

Это я уже умею.

Überprüfe deinen Lernfortschritt. Kreuze in der Liste an, wie gut du in den einzelnen Bereichen bist. Schau dir bei Unsicherheiten noch einmal die entsprechenden Übungen an.

Kopiere diese Seite und lege sie in deinem Portfolio-Ordner unter „Meine Sprachbiografie" ab.

Selbsteinschätzung vom: ____________________
(Trage bitte hier das Datum ein.)

☺ Klappt super! 😐 Ich mache noch kleinere Fehler. ☹ Ich habe noch größere Unsicherheiten/Probleme.

	Ich kann …	☺	😐	☹	Übung in …
Ich verständige mich auf Russisch.	… über Berufe, ihre Anforderungen, ihre Vor- und Nachteile sowie über Berufswünsche sprechen.				У3, стр. 37/1, 2+38/3+40/1 РТ, стр. 29/1, 2б)+30/4+31/6+32/7+34/11
	… mich zu Ferienjobs äußern.				У3, стр. 43/11
	… Vergleiche anstellen.				У3, стр. 41/5, 6+42/7б), 8 РТ, стр. 32/8+33/10+36/15
	… meinen Lebenslauf erstellen.				У3, стр. 46/2в)
	… über Probleme von Jugendlichen sprechen.				У3, стр. 46/3 РТ, стр. 35/12
	… sagen, wie ich zur Kommunikation im Internet stehe.				У3, стр. 46/3
	… sagen, was am Wichtigsten/Leichtesten/Schwierigsten … ist.				У3, стр. 47/4, 5 РТ, стр. 36/14, 15
	… zum Ausdruck bringen, wie ein Sachverhalt sein könnte oder hätte sein können.				У4, стр. 54/4, 5, 6+55/7 РТ, стр. 41/5+42/7, 8
	… sagen, wie man sich fühlt.				У4, стр. 55/8 РТ, стр. 43/9
	… Zeitangaben machen, z. B. Datum, Zeitspanne, Zeitdauer, Zeitraum.				У4, стр. 59/2 РТ, стр. 44/11, 12+47/16
	… offizielle Schreiben anfertigen				У4, стр. 60/5+61/6 РТ, стр. 46/15б), г)
Ich lerne Russland kennen.	… Auskunft über einige bekannte russische Persönlichkeiten und ihre Berufe geben.				У3, стр. 41/4
	… über Jurij Gagarin und sein Leben berichten.				У3, стр. 46/2
	… einige russische Sprichwörter verstehen und im Kontext anwenden.				РТ3, стр. 33/9
	… über wichtige Ereignisse der russischen Geschichte sprechen.				У4, стр. 50+51 РТ, стр. 48 (Spiel)
	… über die Gründung von St. Petersburg berichten.				РТ4, стр. 39/2
	… über das Leben von Katharina II. sprechen, erzählen, wie sie nach Russland kam und wie ihr erstes Jahr dort ausgesehen haben könnte.				У4, стр. 53/1, 2 РТ, стр. 40/3б)+44/11
	… Informationen zu Peter III. geben.				РТ4, стр. 41/6

	... kurz über die Geschichte der Deutschen in Russland berichten.				У4, стр. 57/11
	... Angaben zur Geschichte des Bernsteinzimmers, den Katharinenpalast und Zarskoje Selo machen.				У4, стр. 59/1+60/4 PT, стр. 47/16
	... über die Stadt Königsberg/Kaliningrad sprechen.				PT4, стр. 45/14

Lern- und Arbeitstechniken (Kreuze an, wie oft du bestimmte Lern- und Arbeitstechniken trainiert hast.)

Ich habe ...	oft	selten	nie
... unbekannte russische Wörter durch/über ihre Ähnlichkeit mit dem Deutschen, dem Englischen oder anderen russischen Wörtern erschlossen.			
... russische Wörter mit Wortbildungsregeln erschlossen.			
... die Wörter, die ich nicht verstanden habe, erfragt und deren Umschreibung verstanden.			
... bei schwierigen Passagen im zweisprachigen Wörterbuch die passende Übersetzung nachgeschlagen.			
... Wörter mithilfe von Wortbildern gelernt.			
... Lese- und Hörtexte in mehreren Schritten gut/sicher bearbeitet.			
... unbekannten Texten unter besonderer Beachtung von Schlüsselwörtern die wesentlichen Informationen entnommen.			
... in Hörtexten Schlüsselwörter herausgefiltert und mit deren Hilfe den Textinhalt verstanden.			
... meinen geschriebenen Text auf Fehler durchgesehen und diese korrigiert.			
... Präsentationen mithilfe von Stichwortzetteln und/oder Medien selbstständig erstellt und gehalten.			
... deutsche Texte auf Russisch zusammengefasst.			
... die wesentlichen Inhalte eines russischen Textes auf Deutsch zusammengefasst.			
... zwischen Deutschen und Russen gedolmetscht.			
... Berichte über besondere Erlebnisse erstellt.			
... den Inhalt eines Buchs/Films kurz zusammengefasst.			
... Aufgaben zur Selbstkontrolle gelöst und mit den Lösungen verglichen.			

Was ich für mein Sprachenlernen in nächster Zeit häufiger machen werde:

____

____

____

____

Русский рок

A Рок был, рок есть, рок будет

1 Кроссворд к рок-музыке

Finde die passenden Wörter und notiere die Buchstaben in den farbigen Kästchen. Diese ergeben, in der richtigen Reihenfolge, einen Song-Titel der Gruppe „Кино".

1. Имя певца группы «Кино»: ☐☐☐☐☐☐
2. Место, где выступают музыканты и певцы: ☐☐☐☐☐
3. Группы «Аквариум», «Машина времени» и «ДДТ» – первые ☐☐☐☐☐☐ русского рока.
4. Витя сильно увлекается рок-музыкой. Он ☐☐☐☐☐☐☐☐☐ поклонник рока.
5. Важный аспект рок-музыки – ☐☐☐☐☐☐☐☐ протеста.
6. В 60-х годах молодые люди ☐☐☐☐☐☐☐☐☐☐☐☐☐☐ в СССР первые рок-концерты.
7. Группа «Кино» одна из самых ☐☐☐☐☐☐☐☐☐ групп России.
8. 60-е и 70-е годы – самые ☐☐☐☐☐☐☐ годы для рок-музыкантов в СССР.
9. В 90-е годы появилась группа «☐☐☐☐☐».
10. Витя говорит: «☐ нашёл интересную статью о рок-музыке.»
11. В конце 80-х годов рок-музыканты получили возможность ☐☐☐☐☐☐☐☐☐ на больших сценах.
12. 60-е годы – ☐☐☐☐☐☐ русского рока.
13. В 70-е и 80-е годы рок-музыкантов часто ☐☐☐☐☐☐☐☐☐☐☐☐.
14. В этой стране правительство много лет запрещало играть рок публично: ☐☐☐☐.

Отгадка: ☐2 ☐5 ☐1 ☐7 ☐14 ☐3 ☐9 ☐12 ☐4   ☐11 ☐8 ☐13 ☐6 ☐10

2 Так это было

a) Entziffere und notiere die folgenden Partizipien.

еишвичулоп | йишвяретоп | ясеишвакелву | еишваргыс | йишвиж | хишварги

____

____

____

б) Setze vier der Partizipien aus a) sinngemäß in die Lücken ein.

1. В 60-х годах молодые люди, ______________________ рок-музыкой, организовывали первые рок-группы.
2. Следующие 20 лет были очень трудными для музыкантов, ______________________ рок.
3. В 80-х и 90-х годах певцы Виктор Цой и Пётр Мамонов, ______________________ в кинофильмах, стали кумирами молодёжи.
4. В 90-х годах русский рок, ______________________ характер протеста, становится частью шоу-бизнеса.

3 Последние минуты концерта

а) Setze die Partizipien sinngemäß ein. Passe gegebenenfalls die Endungen grammatisch korrekt an.

говорящий | играющий | поющий | приглашающий | бросающий | танцующий | улетающий | выходящий

1. Музыканты, ______________________ всё тише, …
2. Певец, ______________________ последнюю песню, …
3. Публика, ______________________ более спокойно, …
4. Певец и музыканты, ______________________ публике «спасибо», …
5. Шарики, ______________________ со сцены, …
6. Поклонники, ______________________ на сцену цветы, …
7. ______________________ из зала первые посетители, …
8. Ведущая, ______________________ посетителей на следующий концерт, …

б) Übersetze die Wortgruppen aus a) im Heft.

в) Vervollständige die Satzanfänge aus a). Напиши в тетради.

____

____

____

____

____

4 На уроках музыки всегда интересно

а) Прочитай следующие заглавия. Потом посмотри на картинки и отметь, к какой картинке они подходят.

1. Приз за лучшую песню, получаемый учеником
2. Концерт, даваемый ребятами
3. Рок-н-ролл, танцуемый Катей и Димой
4. Ноты, читаемые ученицей
5. Видео концерта, показываемое учителем
6. Новая песня, изучаемая одноклассниками
7. Звуки, слышимые через дверь директором
8. Правило, объясняемое учительницей

А

Б

В

Г

Д

Е

Ж

З

б) Sage, was auf den Bildern zu sehen ist, in dem du Relativsätze bildest.

» *На картинке А – ученица, которая читает ноты.*

Б ______________________________

В ______________________________

Г ______________________________

Д ______________________________

Е ______________________________

Ж ______________________________

З ______________________________

5 Весёлые предложения

а) Notiere die Infinitive der gegebenen Partizipien und übersetze sie.

1. восстано́вленный ______________________________
2. встре́ченный ______________________________
3. загрязнённый ______________________________
4. зарабо́танный ______________________________
5. ку́пленный ______________________________
6. со́бранный ______________________________

б) Ein Scherzbold hat die Partizipien auf folgenden Kärtchen absichtlich durcheinander gebracht. Lies die durcheinander geratenen Sätze und unterstreiche jeweils das nicht passende Partizip. Tausche anschließend die Partizipien der Kärtchen so aus, dass sinnvolle Sätze entstehen. Achte dabei auf die entsprechenden grammatischen Endungen. Schreibe die neuen Sätze mit Übersetzung ins Heft.

1. MP3-плеер, встреченный ребятами в Интернете, не работает как надо.

2. Восстановленные на фестивале деньги – большая помощь бездомным детям.

3. На загрязнённые ими деньги, музыканты купили новый киборд.

4. Музыканты, купленные в зале, очень симпатичные ребята.

5. Собранные залы дворца открыты для концертов.

6. Заработанная вода – настоящая проблема.

6 Рок-н-ролл

а) Прочитай текст о рок-н-ролле.
Unterstreiche im Text alle Partizipien und bestimme ihre Form. Напиши в тетради.

Рок-н-ролл – популярная музыка, родившаяся в 1950-х годах в Америке. Первый сингл, записанный в 1954 году Биллом Хейли, назывался «Rock Around the Clock». Под звуки этой песни зрители тогда в первый раз увидели на экране[1] танцующую пару. Рок-н-ролл стал первым стилем в современной музыке, играемым и белыми, и чёрными музыкантами. К концу 50-х годов пластинки в стиле рок-н-ролла были одними из самых продаваемых в Америке.
В СССР рок-н-ролл долгое время игнорировали. Первые группы, играющие рок-н-ролл на русском языке, появились только в начале 1980-х годов («Зоопарк», «Секрет», «Браво»). А сегодня видом рок-н-ролла, пользующимся большой популярностью в России, является акробатический рок-н-ролл.

б) Переведи текст на немецкий язык в тетради.

в) Напиши, как тебе нравится рок-н-ролл вообще, а как современный акробатический рок-н-ролл.

___

___

___

___

S 45–47

7 Рок-анекдоты

Перед аудированием

а) Найди значение следующих интернационализмов и напиши их перевод.

басист = ___ (музыкальный) пассаж = ___

бас-гитара = ___ строфа = ___

соло = ___

б) Lies die folgenden Worterklärungen und notiere die deutsche Übersetzung der beiden Wörter.

ударник: Это музыкант, который играет на ударных. ___

струна: Это часть гитары или скрипки, от которой идёт звук. ___

1 **на экра́не** auf dem Bildschirm

в) Посмотри на следующие картинки и опиши их. Напиши твои предложения в тетради.

Во время аудирования

г) Послушай три рок-анекдота. Какой рисунок подходит к какому анекдоту? Отметь номер анекдота.

А ☐ Б ☐ В ☐

После аудирования

д) Послушай анекдоты ещё раз и дополни таблицу.

анекдот	Кто говорит с кем?	О чём они говорят?
1		
2		
3		

е) Какой из анекдотов тебе нравится больше всего? Объясни, почему.

Б Звезда русского рока

8 Талантливая певица

Соедини (Verbinde) начало и конец предложений.

по баскетболу и была её капитаном. | есть лирические, романтические, а также жёсткие. | интересовалась баскетболом. | Земфира записала свои первые песни. | «Снег», стали хитами. | музыку и даже стихи к своим песням. | исполняла песни русских рок-групп.

1. Талантливая девушка с детства ______________________________
2. Кроме музыки Земфира ______________________________
3. Она играла в русской молодёжной сборной ______________________________
4. В 90-е годы ______________________________
5. Уже первые песни, такие как ______________________________
6. Талантливая певица пишет ______________________________
7. Её песни очень разные по характеру: ______________________________

9 Делать одно и другое

a) Unterstreiche die Adverbialpartizipien. Переведи предложения.

1. Алина делала уроки, слушая музыку.

____

____

2. Убирая комнату, Аня разговаривает по телефону.

____

____

3. Илья пьёт колу и читает журнал, смотря новости по телевизору.

____

____

____

4. Сидя на уроке физики, подруги мечтают о концерте Димы Билана.

____

____

____

5. Слушая реферат о классической музыке, ученики записывали (schrieben ... auf) основную (Haupt-) информацию.

____

____

____

б) Formuliere die Sätze aus a) so um, dass sie kein Adverbialpartizip enthalten.

» Алина делала уроки и слушала музыку. /
Когда Алина делала уроки, она слушала музыку.

2. ______________________________

3. ______________________________

4. ______________________________

5. ______________________________

____

____

L 15 ◎ **10 Песня «Небомореоблака»**

а) Послушай песню и напиши правильный порядок строф.
Потом прочитай перевод песни в учебнике на странице 126.

☐
Этот город заполнен
Деньгами и проститутками,
Я не против ни тех,
Ни других, но только не сутками.
Я готова забыть и начать,
Разумеется, заново.
«Приготовьте согласно
Условиям синего самого».

☐
Эти серые лица
Не внушают доверия,
Теперь я знаю, кому поёт
Певица Валерия.
Я готова на многое,
Я готова даже исправиться.
Упакуйте, отдайте меня
Стюардессам-красавицам.

☐
Эти фильмы глупы,
Эти песни скучны и прилизаны.
Мои мама и папа
Превратились давно в телевизоры.
Я готова меняться,
Не глядя, с любым дозвонившимся,
Посидим, поболтаем,
Покурим и может быть спишемся.

☐
Здравствуй, небо, море, облака,
Здравствуй, небо, море, облака.

☐
Здравствуй, небо, море, облака,
Здравствуй, небо, море, облака

☐
Здравствуй, небо, море, облака,
Здравствуй, небо, море, облака

б) Какими словами певица характеризует «песни», «фильмы» и «людеи»? Nutze die Übersetzung im Schülerbuch oder ein Wörterbuch und unterstreiche die entsprechenden Wörter im Text im Teil a).

____

____

в) Finde die folgenden Liedzeilen in der Liedübersetzung im Schülerbuch auf Seite 126 und versuche sie mit eigenen Worten auf Deutsch zu erklären.

Мои мама и папа Превратились давно в телевизоры.	
Я готова на многое, Я готова даже исправиться.	

г) Как ты думаешь, почему певица приветствует (begrüßt) «небо, море, облака»?

____

____

д) Найди слова и словосочетания в тексте песни, с помощью которых Земфира описывает своё пессимистическое настроение.

е) Какие ассоциации вызывает (Assoziationen hervorrufen) у тебя «большой город»? Дополни.

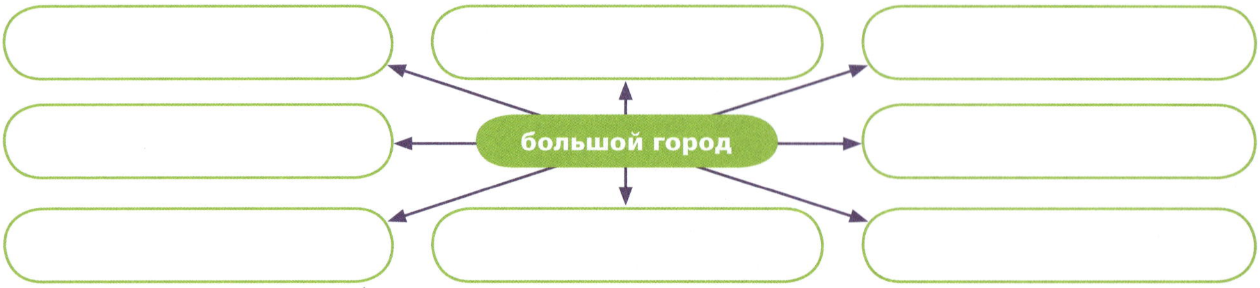

11 Кумиры

а) Переведи предложения с помощью словаря на немецкий язык. Markiere die Adverbialpartizipien.

Вернувшись из школы, Юлия сразу вошла в гостиную, чтобы посмотреть передачу о своей любимой певице Маре. Услышав песню певицы, она включила телевизор громче. А увидев своего кумира на сцене, она начала кричать и танцевать.

б) Ты друг / подруга Юлии и ты купил/а два билета на концерт певицы Мары. Напиши Юлии e-mail с информацией:

- что ты купил/а билеты.
- когда и где будет концерт.
- сколько стоит билет.
- когда и где вы встретитесь.

12 Ребята – какую музыку вы любите слушать?

Прочитай интернет-сайт и заполни (fülle ... aus) анкету. Ты можешь пользоваться словарём.

Дорогой друг! Мы проводим опрос, чтобы узнать, какую музыку ты слушаешь и на какой музыкальной аппаратуре ты её слушаешь. Пожалуйста, ответь на вопросы данной анкеты. Отметь ответы крестиком ✕.

АНКЕТА

твой пол: 1
- ○ мужской
- ○ женский

Сколько тебе лет? 2
- ○ 13 – 15
- ○ 16 – 18
- ○ 19 – 25
- ○ > 25

Чем ты занимаешься? 3
- ○ учусь в школе
- ○ работаю
- ○ учусь в институте
- ○ учусь в техникуме
- ○ ...

Какая музыка тебе нравится? 4
- ○ поп- и рок-музыка
- ○ фолк
- ○ классическая музыка
- ○ рэгги
- ○ блюз, джаз
- ○ рэп
- ○ альтернатива (гот, гранж, инди, нью-метал)
- ○ панк-рок
- ○ авторская песня
- ○ хип-хоп
- ○ эр эн би (R'nB)
- ○ шансон
- ○ музыка, со звуками природы и т.п.
- ○ слушаю все
- ○ ...

На какой музыкальной аппаратуре ты обычно слушаешь музыку? Почему? 5
- ○ музыкальный центр
- ○ радио
- ○ МР3-плеер
- ○ CD-плеер
- ○ мобильный телефон
- ○ Это модно!
- ○ Стоит недорого.
- ○ Можно пользоваться в любом месте.
- ○ Можно пользоваться наушниками и при этом не мешать другим.
- ○ ...

Когда ты в последний раз был на концерте? 6
- ○ год назад
- ○ несколько дней назад
- ○ 6 месяцев назад
- ○ очень давно
- ○ 1 месяц назад
- ○ ...

Ты музыкальный человек? 7
- ○ Я учусь в музыкальной школе.
- ○ Я играю на музыкальном инструменте.
- ○ Я люблю петь.
- ○ Я часто слушаю музыку.
- ○ Я не умею петь.
- ○ Я не играю ни на каком инструменте.
- ○ Я редко слушаю музыку.
- ○ ...

Если анкета заполнена, просим отправить её.

СПАСИБО ЗА УЧАСТИЕ!

Отправить/Ответить

самоконтроль

✓ Auf dieser Seite kannst du dich selbst testen. Die Lösungen sind auf Seite 63.

а) Неофициальный музей идола русского рока

Unterstreiche die Partizipien im Text. Schreibe anschließend das Partizip mit Bezugswort heraus und bestimme die Art des Partizips. Напиши в тетради.

В доме, находящемся на улице Блохина в Санкт-Петербурге, есть клуб «Камчатка» и музей Виктора Цоя. Лидер группы «Кино» и легенда русского рока, Виктор Цой, работал здесь два года в котельной[1]. Сегодня в котельной – клуб и маленький музей, открытый после смерти музыканта, где можно посмотреть личные вещи певца. Материалы, собранные в музее, рассказывают о жизни и о музыке Виктора Цоя. Туристы и поклонники, посещающие музей, могут послушать здесь его музыку. Песни, созданные Цоем, знают и любят во всей России.

б) Перевод

Переведи текст из **а)** на немецкий язык. Напиши перевод в тетради.

в) Глаголы

Прочитай слова и выбери из них деепричастия (Adverbialpartizipien). Напиши их в таблице. Notiere den Infinitiv des Verbs, von dem sie abgeleitet wurden.

писавший – читая – премия – поужинав – сидя – песня – разговаривая – построив – покупая – получив – начиная – время – прочитав – такая – сказав – думая – послушав – ванная – ведущий – завтракая – статья – написав – другая

Adverbialpartizip der Vorzeitigkeit	Adverbialpartizip der Gleichzeitigkeit

☑ Am Ende der fünften Lektion kann ich …

- ☐ Über Musik und Musikrichtungen sprechen.
- ☐ Ein russisches Lied verstehen und interpretieren.
- ☐ An einer Umfrage zu musikalischen Vorlieben und zur Techniknutzung teilnehmen.
- ☐ Partizipien erkennen, verstehen und übersetzen.
- ☐ Partizipkonstruktionen in Relativsätze umwandeln.
- ☐ Adverbialpartizipien erkennen und übersetzen.
- ☐ Den Kasus russischer Familiennamen bestimmen.

Probiere aus, ob du zu jedem Punkt Beispiele formulieren kannst.
Запиши их на листе бумаги и сохрани его в своём портфолио.

1 **коте́льная** Heizungskeller

Урок 1, стр. 14

а) Гости Бабы-Яги

своих, её, свой, её, своими, её, свою, её, своих

б) После обмена: из письма бабушке

1. Весной мы с классом были по обмену в Германии, в городе Тюбинген.
2. В семье моего партнёра я чувствовал себя прекрасно.
3. Мы хорошо понимали друг друга, хотя в первые дни мне было трудно с немецким языком.
4. Штефан – смешной парень.
5. Хотя он плохо учится, он часто не делает домашние задания.
6. По вечерам, после экскурсий, мы с ним дискутировали до поздней ночи.
7. Мне никогда не было скучно с ним.
8. Сейчас я неплохо говорю по-немецки, я почти всё понимаю.
9. Жаль, что мы провели в Германии только две недели.
10. Я обязательно ещё раз хочу поехать в Тюбинген!
11. Встречи между молодёжью из Германии и России – это замечательно.

Урок 2, стр. 25

а) Разговор по телефону

кино, фильм, режиссёра, вышел, чём идёт речь, рассказывает, Действие происходит, Главный герой, героиня, билеты

б) Где ошибки?

филь**м**, посмотрел**а**, х**о**тя, несколь**к**о, на**з**ад, год**у**, к**о**медия, котор**ой**, Действие, популярн**ом**, молод**ой**, себ**я**, нужн**о**, Де**й**ствительно, жизн**ь**, Одна**ж**ды, находит, Маш**и**, начинает**ся**, зам**е**чательная, люб**ви**

Урок 3, стр. 38

а) Кроссворд

1. выбрать, 2. стать, 3. больше всего, 4. мечта, 5. психологом, 6. полететь, 7. важнее всего, 8. карьера, 9. зарплата, 10. интересует, 11. скорее, 12. проще, 13. за границей, 14. безработным, 15. будущее, 16. кем

б) Вопросы

Individuelle Lösungen

Урок 4, стр. 49

а) Кроссворд

1. Иван Грозный, 2. Александр Второй, 3. Пётр Первый, 4. Перестройка, 5. Фридерике, 6. Кёнигсберг, 7. янтарь

б) По-русски

- Ты когда-нибудь уже был(а) в Царском Селе?
- Нет, я ещё никогда не был(а) там, но очень хотел(а) бы туда поехать.
- Я был(а) там два года назад. У меня есть идея! Если у тебя завтра будет время, ты можешь/мог(ла) бы поехать со мной/с нами туда на экскурсию.
- Я очень рад(а)! Я согласен/согласна! С удовольствием!
- Ты можешь мне посоветовать какой-нибудь другой интересный русский город?
- Я советую/посоветовал(а) бы тебе поехать в Калининград. Там живёт мой дядя.
- А что можно/я мог(ла) бы там посмотреть? Было бы хорошо, если бы мы поехали туда вместе или встретились бы там.
- Если ты хочешь, я дам тебе мой адрес. Так мы сможем/могли бы писать друг другу емейлы и через год встретиться/встретились бы в России.

Урок 5, стр. 62

а) Неофициальный музей идола русского рока

В доме, находящемся на улице Блохина в Санкт-Петербурге, есть клуб «Камчатка» и музей Виктора Цоя. Лидер группы «Кино» и легенда русского рока, Виктор Цой, здесь работал два года в котельной. Сегодня в котельной – клуб и **маленький музей, открытый** после смерти музыканта, где можно можно посмотреть личные вещи певца. **Материалы, собранные** в музее, рассказывают о жизни и о музыке Виктора Цоя. **Туристы и поклонники, посещающие** музей, могут послушать здесь его музыку. **Песни, созданные** Цоем, знают и любят во всей России.

в доме, находящемся: Part. Präsens. Aktiv
маленький музей, открытый: Part. Prät. Passiv
материалы, собранные: Part. Prät. Passiv
туристы и поклонники, посещающие: Part. Präsens Aktiv
песни, созданные: Part. Prät. Passiv

б) Перевод

Lösungsvorschlag:
In einem Haus auf der Blochinstraße in St. Petersburg gibt es den Klub „Kamtschatka" und das Viktor-Zoj- Museum.
Der Bandleader der Gruppe „Kino" und Legende des russischen Rocks Viktor Zoj arbeitete hier 2 Jahre im Heizungskeller.
Heute sind im Heizungskeller der Klub und ein kleines nach dem Tod des Musikers eröffnetes Museum, in dem man persönliche Dinge des Sängers anschauen/besichtigen kann.
Die im Museum zusammmengetragenen Materialien/
Die Materialien, die im Museum zusammengetragen wurden, erzählen/berichten über das Leben und die Musik von Viktor Zoj. Touristen und Fans, die das Museum besuchen, können hier seine Musik hören. Die Lieder, die von Zoj geschaffen wurden, kennt und liebt man in ganz Russland.

в) Глаголы

Adverbialpartizip der Vorzeitigkeit: поужинав – поужинать; построив – построить; получив – получить; прочитав – прочитать; сказав – сказать; послушав – послушать; написав – написать
Adverbialpartizip der Gleichzeitigkeit: читая – читать; сидя – сидеть; разговаривая – разговаривать; покупая – покупать; начиная – начинать; думая – думать; завтракая – завтракать

Lektion		Seite	Titel	Track
Урок 1	Учебник	10	Привет из России!	1–4
		14	Поход с курицей	5–8
		17	Звуки	9, 10
	Рабочая тетрадь	9	Рэп по-русски и по-немецки	11
		11	Кому из ребят было скучно?	12
		12	Звуки	13
Урок 2	Учебник	24	Наш любимый «друг»?!	14–16
		27	Мой компьютер	17
		29	На какой фильм пойти?	18, 19
	Рабочая тетрадь	19–21	Привет, ребята!	20–22
		24	«Круглый стол»	23
Урок 3	Учебник	39	Кем стать?	24–27
		43	Звуки	28, 29
		45	Важнее всего – верить в себя!	30, 31
	Рабочая тетрадь	29	И ещё о профессиях	32
		34	Моя профессия – это моя жизнь!	33
Урок 4	Учебник	52	«Если я когда-нибудь стану царицей …»	34–37
		58	Янтарная комната	38, 39
	Рабочая тетрадь	41	Три короны	40
		47	Разные имена Царского Села	41
Урок 5	Учебник	70	Рок был, рок есть, рок будет!	42, 43
		73	Звезда русского рока	44
	Рабочая тетрадь	56	Рок-анекдоты	45–47

Sprechzeit 51 Minuten.

Учебник = Schülerbuch **Рабочая тетрадь** = Arbeitsheft

Aufnahmeleitung: Ekaterina Danilevskaya, Anatoly Kovtun, Elisabetta Nöldeke
Aufnahme: allegria Musik-/Audioproduktion GbR, Stuttgart
Presswerk: Optimal Media Produktion, Röbel/Müritz
Sprecherinnen und Sprecher: Jana Čerkassky, Zilia Čerkassky, Igor Danilevski, Irina Genkina, Elena Goldstein, Ksenija Grakovski, Denis Grakovski, Wladislav Grakovski, Natalja Hartmann, Roman Rommel, Ilja Shinkarenko, Marina Shinkarenko, Sofija Sologub

Bildquellennachweis

Umschlag: shutterstock, New York, NY: (Dvoretskiy Igor Vladimirovich)
Avenue Images GmbH, Hamburg: (Ingram Publishing) **12.2**; Dream Maker Software (RF), Colorado: **34.1**, **34.2**; Fotolia LLC, New York: (Falk) **45.6**, (Iurii Bondar) **20.2**, (Sebastian Mohr) **45.5**, (Stefan Balk) **45.4**; iStockphoto, Calgary, Alberta: (RF/Sharon Dominick) **34.4**; Klett-Archiv, Stuttgart: **45.3**, (Barricelli) **10.1**, (Fabian H. Silberzahn) **12.1**, (Monika Brosch) **9.1**, **24.1**; Legion Media, Moscow: **6.1**, **60.1**, **62.1**; MEV Verlag GmbH, Augsburg: **12.3**, **45.2**; PIXTAL, New York NY: **45.1**; (Grandpa) **20.1**; The Associated Press GmbH, Frankfurt am Main: (Alik Keplicz) 56.1; Ullstein Bild GmbH, Berlin: (RIA Nowosti Dmitri Tultschinski) **23.1**, **53.1**